现代高校
教学管理实务探究

王卫霞◎ 著

辽宁人民出版社

©王卫霞　2025

图书在版编目（CIP）数据

现代高校教学管理实务探究 / 王卫霞著. — 沈阳：
辽宁人民出版社, 2025.2
　ISBN 978-7-205-11085-7

　Ⅰ.①现… Ⅱ.①王… Ⅲ.①高等学校－教学管理－
研究 Ⅳ.①G647.3

中国国家版本馆 CIP 数据核字（2024）第 065529 号

出版发行：辽宁人民出版社
　　　　地址：沈阳市和平区十一纬路25号　邮编：11003
　　　　电话：024-23284321（邮　购）024-23284324（发行部）
　　　　传真：024-23284191（发行部）024-23284304（办公室）
　　　　http://www.lnpph.com.cn
印　　刷：辽宁一诺广告印务有限公司
幅面尺寸：170mm×240mm
印　　张：10.5
字　　数：150千字
出版时间：2025年2月第1版
印刷时间：2025年2月第1次印刷
责任编辑：张天恒　王晓筱
装帧设计：识途文化
责任校对：吴艳杰
书　　号：ISBN 978-7-205-11085-7
定　　价：68.00元

前言

PREFACE

　　现代大学不仅是高素质人才的培养基地，能够源源不断地为社会发展输入新鲜血液，还具备学术研究的功能，使其掌握了许多领域与行业最前沿的知识与技能，促成了众多最新科研成果的诞生。可以说，大学教育是引领社会向前发展的一股重要的力量，是国家综合国力和国际竞争力的重要组成部分和具体体现，大学的建设与发展具有重要的战略意义。

　　大学教育是我国教育系统重要的组成部分。随着近些年大学扩招，我国的高校教育由精英化向大众化转变，越来越多的人逐渐对大学教育在个人与社会中的巨大影响力有了更全面和深刻的认识。高校教育教学的教育理念、教学方法、实践经验、管理方式等各方面内容得到更多的社会关注，也进而促进了相关理论与实践研究的发展。

　　我国大学教育的产生与发展具有较长的历史，自其诞生以来，经过一代代教育工作者坚持不懈，付出辛勤的汗水，贡献过人的智慧，如今已得到了长足的发展，取得了丰硕的成果。然而，随着时代的发展与社会的进步，现代科技快速发展、国内环境与国际局势不断变化等，我国的高等教育面临着更为复杂的情况与更加艰巨的任务，教育管理工作也需要顺应时代潮流不断更新与优化。外界环境的要求与实际工作的需要督促着、激励着广大教育工作者与学校管理人员开阔视野、转变观念、积极创新、勇于实践，把握教育教学规律与方法，努力提高教学的质量与效率，推动高校教育事业的发展与进步。

本书聚焦现代大学教学管理实务，综合高校教育管理的理论成果与实践经验，针对时代的变化与社会的需求，对大学教育管理的知识脉络与发展规律进行梳理、阐释、分析与总结，由衷地希望能为我国高等教育教学的现代化发展贡献一份绵薄之力。

书中内容包括对大学教学管理的内涵、发展、原则和理念的阐述，对教学管理的规划、组织、实践的分析，对高校教育管理的创新的探讨等，旨在为高校教育工作者和相关理论研究人员提供一定的参考与帮助。

当然，笔者的编写经验与学术水平有限，书中难免会出现疏漏与不足之处，恳请学者、专家与广大读者朋友予以批评指正。

目 录
CONTENTS

第一章　大学教学管理的概述

第一节　大学教学管理的内涵与要素

教学管理是高等院校内部管理体系主要的、核心的组成部分，在院校的各项管理工作中占有突出的重要地位，是治理体系和治理能力现代化建设的关键环节。教学管理水平的高低直接影响教育人才培养质量的好坏。

一、教学管理的内涵

（一）教学的内涵

教学可分为广义的教学和狭义的教学两种类型。广义的教学是一种特殊的教育活动，它是指教的人指导学的人以一定文化为对象进行学习的活动。学的人和教的人分别包括有关的学习者和有关的教育者。狭义的教学即学校教学，是专指学校中教师引导学生一起进行的、以特定文化为对象的教与学相统一的活动。狭义的教学主要是指各级各类和各种形式学校中的教学，教师在教学活动中扮演组织者和指导者的角色。新时期的教学理念是教与学相统一，教融于学，教引导和组织学。

由上述内容可以看出，教学即在教育目的的规范下，由教师的教与学生的学共同组成的一种教育活动。

（二）教学管理的内涵

自制度化学校教育产生以来，教学管理便成为教育理论研究与实践活动中的重要课题。关于教学管理的概念，不同的学者有不同的看法，至今没有完全统一的认识。具体来讲，学者对教学管理的认识主要有以下三种观点。

第一种观点认为：教学管理是"学校管理者遵循管理规律和教学规律，科学地组织、协调和使用教学系统内部的人力、物力、财力、时间、信息技术等因素，确保教学工作有序、高效运转的决策和实施"。

第二种观点认为：教学管理是"学校教学行政人员为完成教学任务、提高教学质量，运用一定的原理和方法，通过一系列特有的管理行为，组织、协调、指挥和控制教学工作，以求实现教学目标的过程"。

第三种观点认为：教学管理是"学校管理者根据教学方针、教学计划、教学大纲的要求，根据教学工作的规律，运用现代科学管理的理论、方法和原则，通过计划、组织、检查、总结等管理环节，对教学的各个方面、各个要素、各个环节进行合理组合，以推动教学工作正常地、高效率地运转"[1]。

以上三种观点都定位于学校层面，认为教学管理是学校内部的管理，可以视为狭义的教学管理。此外，也有观点认为，广义的教学管理是从宏观层面上研究教育行政部门（含教育行业协会）对各级各类学校及其他教育机构教学的组织、管理和指导。

---

[1]孙燕华. 创新教学管理推动高校课程思政改革与探索[J]. 中国大学教学，2019（05）.

二、教学管理的基本要素

高等院校教学管理包含教学管理主体、教学管理客体、教学管理目标和教学管理手段四大基本要素。

（一）教学管理主体

由于教学管理活动的多样性、多层性与多环节性，因此，教学管理主体并不是单一的，而是一个十分复杂的体系。按层次的不同，教学管理活动可分为以课程为单位的教学管理活动，以专业为单位的教学管理活动和以学校为单位的综合性、整体性教学活动。以课程为单位的教学管理主体包括教师、教研室主任和学生。教师是直接的管理者；教研室主任是间接的管理者；学生既是被管理者，又是自我管理者。以专业为单位的教学管理主体是二级学院院长（系部主任）、分管教学副主任（副院长）及教学秘书等辅助管理人员。以学校为单位的综合性、整体性教学管理主体是院长、分管院长及教学职能部门管理人员。还有一类教学管理者组织必须提及，就是班委会、学生会与各种学生社团组织。因为学生的大量学习活动是在课堂外自主完成的，所以班委会、学生会、学生社团组织在教学管理中的作用不容忽视。

（二）教学管理客体

教学管理客体即教学管理对象或教学管理内容，教学管理的对象就是教学活动。首先，教学活动是教师教的活动与学生学的活动的综合，因此，教学管理既包括对教师教的管理，也包括对学生学的管理。因为对教师教的管理不等于对教师的管理，因为对教师的管理，除对教师教的管理外，还包括对教师的人事管理、培训管理等。同样，对学生学的管理不等于对学生的管理，对学生的管理除对学生学的管理外，还包括对学生思想的管理、生活的管理、安全的管理、社团活动的管理等。其次，教学活动的进行有赖于教学设施与设备、教学软件课件、教学网络与数据资料、教学日常运作经费等种种教学资源的投入，因此，教学管理既包括对教学设施与设备、教学软件与课件的管理，也包括对网络教学、数据库、教学日常运作经费等的管理。再次，教学活动是专业教学计划制订、课程建设、教材建设、备课、授课、课外辅导、批改作业、考核、实践教学等多个环节的相继展开，因此，教学管理既包括对专业教学计划制订、课程建设、教材建设的管理，也包括对备课、授课、课外辅导、考核、实践教学等的管理。最后，教学活动是以课程为单位的教学活动、以专业为单位的教学活动、以学校为单位的教学活动等多个层面教学活动的统一。教学管理既包括课程层面、教研室层面的教学管理，也包括二级学院（系部）层面、学校层面的教学管理。还有一点需要指出，富有成效的教学活动，不是诸多要素的简单拼凑、各个环节的机械连接与不同层面的硬性堆砌，而是各种要素、各个环节与各个层面的相互耦合与相互协调，因此，教学管理既包括教学资源配置与教学环节组织的管理，也包括教学管理权限的分配管理。

（三）教学管理目标

教学管理目标即教学管理者进行教学管理活动要实现的预期目的的外化，决定着教学管理行为的基本方向，也为教学管理活动成效或成果的评价预设了一个参照系或价值判断体系。离开教学管理目标，任何教学管理活动都会变得盲目，失去存在的意义。对于教学管理目标，可以从不同的角度予以考察。从教学管理活动的结构上看，有教学管理的子目标与总目标之分，是一个在总目标统驭下的诸多子目标相互关联、有机结合的体系；从教学管理活动的过程上看，有教学管理的阶段目标与最终目标、短期目标与长期目标之分，是服从于最终目标、长期目标的诸个阶段目标、短期目标前后相继的体系；从教学管理活动的层次上看，有教学管理的宏观目标与微观目标之分，是从属于宏观目标的各个微观目标的相互协调、有机整合的体系；从教学管理活动的相互关系上看，有教学管理的主目标与辅目标之分，是一个以主目标为中心，诸多辅目标与之配合协调的体系。

（四）教学管理手段

在预定的教学管理目标的导引下，教学管理主体作用于教学管理客体行为通常不是直接发生的，而是借助于种种手段间接发生的。因此，可将这些手段、工具大致归为三大类：一是收集、整理、分析、存储、传递教学与教学管理信息的手段；二是制度性手段；三是激励与惩戒手段。

第二节　大学教学管理的历史发展

自从人类社会出现学校以来，教学管理随之产生，并随着社会和学校教育的发展而发展。现代高等院校教学管理的理论、方法，是对古今中外教学管理经验的总结和发展，内容丰富多彩。探索教学管理的历史概况，不仅有助于丰富教学管理的理论、知识和方法，而且对促进当代高等院校教学管理的改革具有重要价值。

一、中国古代大学的教学管理

中国古代教育起源于原始社会，于奴隶社会产生学校教育。"官学"是学校教育的主体。周代官学已分"国学""乡学"两类。汉武帝元朔五年（前124），诏令兴太学并置博士弟子50人，正式创设中国古代的大学。魏晋南北朝时期，大学中设立了玄学、儒学、文学、史学等科，南朝梁还增设律学，分科教育崛起。唐代高等教育使封建官学臻于完备，专门的大学增多，学科教育发展，如书学、算学、律学、医学、兽医学、卜筮术、天文学等。国子学和太学以儒学为主。此后，古代大学基本沿用唐制，各方面都有某些发展。除官学外，中国古代一些私学、书院也是学校教育制度的补充，有些具有高等教育的性质。中国古代高等教育行政机构，特征是官学合一、学在官府。自隋后设"国子寺"或

"国子监"等专门管理机构。中国古代大学的教育与教学为世界高等教育史增添了丰富内容。

（一）中国古代大学的教学组织与管理制度

中国古代大学的教学组织形式很多，且在不同时期有某些变化，主要有个别教学，如师徒授受、父子相授；班组教学，如古代私学、书院常采用，但班组概念与限界不甚清楚，组织较为松散；复式教学，在私学中也常采用，作为补充形式；分等级教学，如"三舍法"；此外还有讲大课、讨论式等组织形式。下面将几种具有代表性的、影响较大的教学组织形式和管理制度、办法略作评介。

1.汉代的教学组织与管理制度

汉代太学创办后，办学规模越来越大，学生最多时达3万余人，而教师（太学博士）仅10余人。为解决学生多、教师少的矛盾，满足教学需要，汉代太学采用上大课与高才生辅导教学相结合的教学组织形式。大课一般由著名学者和一代儒师宣讲，或曰由"教师主讲"。东汉时讲堂长10丈、宽3丈，分内外讲堂，听课者常在几百人以上，多为"高才生"或入学早些的"高年级"学生。一般教学任务由"高才生"讲授或辅导，"至一师能教千人"，"必由高足弟子传授"（皮锡瑞《经学历史》）。这种教学组织与"导生制"颇有相似之处，在私学、书院教学中亦常被采用。

2.唐代的"选修制"

唐代的大学已有较详细的教学计划，国子学、太学的教学以儒家经典为主要内容，各门课规定有学习年限。九门经学分大、中、小经三种。"凡《礼记》《春秋左氏传》为大经；《诗》《周礼》《仪礼》为中经；《易》《尚书》《春秋公羊传》《谷梁传》为小经。""通二经者，大经小经各一，若中经二。通三经者，大经中经小经各一。通五经者，大经皆通，余经各一。"（《新唐书·选举志》）"《孝经》《论语》皆兼通之。"学生每日要写字一张，每人都"间习时务策"，阅读《国语》《说文》

《字林》《三苍》《尔雅》等。由此可见，课程有共同必修科目，也允许学生选择修习有关经学。据文献记载，算学科的教学亦有选修之意，办法是将课程分三组：《记遗》《三等数》为必修，要求学生都"皆兼习之"；《孙子》《五曹》《九章》《海岛》《张丘建》《夏侯阳》为一组，《周髀》《五经算》《缀术》《辑古》为一组。学生可从后两组中选择一组修习。如果说近代选修制产生于19世纪70年代的西方，那么早在907年的中国唐代大学业已出现"选修制"的萌芽。

3.宋代的"三舍法"

"三舍法"是宋神宗时王安石变法对大学教育进行改革的一项重大措施，具体办法是：将太学分为外舍、内舍、上舍"三舍"，初入太学者为"外舍生"，修业一年经升舍公试，成绩为一、二等者并参考平时成绩和操行，准予升入内舍深造；内舍生学满两年参加学业升舍考试，成绩达优、平二等且平时学业、操行符合基本要求者，准予升入上舍；上舍生学习两年，参加"毕业考试"，考试由国家派员主持，办法与科举省试相同。经考试，成绩为上等者授官职，成绩为中等者免除礼部的考试，成绩为下等者免除"解式"。屡试不中且成绩劣者，罢归乡里。"三舍法"开中国古代大学分级教学之先，且每级都有具体的年限。此法在宋以后的中国古代大学中广泛推行。

4.明代的"积分法"

积分法产生于宋代，至明代国子监则趋完善。具体办法是：将学生按成绩编"班"，分六堂三级。初级有"正义、崇志、广业"三堂，修业一年半以上；中级分"修道、诚心"二堂，修业一年半以上；高级称"率性堂"，修业一年，"升至率性，乃积分"。积分是以考试成绩为主进行的。考试每月一次，称"月课"；每季（3个月）考试科目有一个循环，孟月试"本经义"、仲月试论和诏诰表内科、季月试经史策和判语。每次考试的成绩为三等记分，"文理俱优者与一分，理优文劣者与半分，文理俱劣者无分"(《明史·选举志》)。一年内积8分者为及格，准予"毕业"，委派一定官职；积分不足8分者为不及格，留堂继续学习；对"才学超异"的学生，报请皇帝批准破格录用。这种办法与19世纪末产生的积点制、学分制颇有相似之处。

（二）中国古代大学的考试制度和方法

教育测量学的研究表明，现代教育测量来自中国古代的考试制度。中国古代大学的考试内容、方法，为封建统治阶级的选士制度左右，为统治者选拔治国安邦平天下的统治人才服务。

中国古代选士考试制度，自西周至汉代为"察举制"，先"乡举里选"，再参加"公府考试"及复试，合格者授官职；曹魏时期为"九品中正制"，各州郡分设大、小中正，将所辖人物的品行分为九等（九品），三年复核变更一次。小中正将所品第人才送大中正，大中正复核后送司徒，司徒再复核送尚书录用；自隋代，开始试行"科举制"，唐时基本完备，宋、明时定型，沿用至清末。明清时科举考试分科试（及第为秀才）、省会试（及第为举人）、礼部会试（及第为贡士）和天子主持的殿试（及第为进士，第一、二、三名分称状元、榜眼、探花）。科举科目各朝代不一。中国古代大学的教育和考试不同程度地为科举制服务，甚至成为科举的附属物。因此，古代大学的考试方法与选士考试方法基本相同，以训练学生应试能力为主。

纵观中国古代大学考试，有许多可取之处，如口试与笔试结合、主观测验与客观测验结合，命题形式较多，采用了防止舞弊的措施等，但其要害在于学校为应付科举而教学，为应付科举考试而考试，助长了以死记硬背为主应试教育，后期自然成为束缚人们思想的桎梏。

（三）中国古代大学的教师和学生管理

1.教师的选拔与管理

"官与师合一""以吏为师"是中国古代大学教师选拔、管理的特点，决定官学教师的地位。汉代太学的教师称"博士"，首席博士又称"仆射"，后改称"祭酒"，兼行政之责。教师的选拔以封建统治者的要求为标准，西汉规定教师能"明于古今、温故知新、通达国体"。东汉时要求教师学问要广博精深，能专习一儒经，有较高的封建道德修养。从而奠定了中国古代严于择师的传统。教师选择的途径有征召、荐举、选试、诸科始进、他官升迁等。每位教师专授一科或一经。教师参与国家的议政治事。唐代大学的教师管理比以前更完善。教师分博士、助教、直讲三等，专以教学为主。博士专授一经，不得中途改授他科；助教协助博士分经教授学生；直讲专门讲授经术。教师同时是政府官员，教职大小与官职高低相联，与学校性质有关。国子学教师品位最高，博士须具备正五品以上资格，助教要具备从七品以上资格。教师的官俸优厚，可接受学生的束脩，工作量也很大。

明代对官学教师实行严格的考核制度，洪武年间颁发《学官考课法》，以学生的科举成绩、升学人数作为重要考核标准。学生成绩优者教师可升迁。平时对教师的考核办法是：对在校学生进行"月考"，学生3个月内无长进，对教师施以罚米制裁；"岁考"中，学校学无长进的学生达到一定比例数额，则对全体教师实行"罢黜"处分。总之，封建统治者对教师的控制十分严格。

2.学生的招收与管理

中国自周代国学，对学生的入学、修业等就有一些规定，中央官学以学生出身为重要标准。汉代太学的学生称"博士弟子"或"太学生""诸生"。学生来源有太常直接选送，郡县道邑选送，明经下第者及公卿子弟。太学生分官俸学生和自费求学者两类，以官俸生为主。自唐代，中央官学对学生入学有严格的等级规定：入国子学须文武三品以上官员子孙，入太学须文武五品以上官员子孙，一些高等专科学校招收八品以下官员子弟及"庶人之通其学者"，等级性和阶级性鲜明。唐代中央官学还建立了初步的学级、学则规定，如经考试合格"四门学"学生可补入太学、太学生可补入国子学；对逾期（假）未归、三次考试不及格、超过修业最高年限、操行过劣不堪教育者，皆令退学；学生在学校的考试分旬考、月考、季考、岁考、"毕业"考等；学生的假期有"旬假""田假（农历五月）""授衣假（农历九月）"；学生回家探亲路程在200里以外者可在休假时加往返路程所需天数。自宋代，中央官学对学生入学的等级出身开始放宽，如国子学由唐代三品以上官员子孙放宽至七品以上官员子弟，"庶人之俊异者"亦可入太学。到明代，国子学学生入学已没有具体的品位出身的规定。至清代国子监生，入学对象更广。然而对学生的管理，则逐步严格，如"三舍法""六堂法"等，按考试成绩依次分级升等。宋代对学生处罚的条例更细，如违犯规定或"关暇"（停止假期）几个月，或责令迁斋（降等），或关至"讼斋"自宿自处坐禁闭，直到开除学籍。这里需要说明的是，随着教育发展放宽入学限制、扩大教育对象是必然的，但封建教育制度的阶级性并未改变，也为权势贵人子弟混入学校提供了条件；对学生的管理逐步严格，有教学管理发展的一面，也有封建专制加强的一面。但是，不论采取何种措施，封建的高等教育也挽救不了封建制度必然灭亡的历史趋势。

二、中国近现代大学的教学管理

1840年第一次鸦片战争爆发，帝国主义的洋枪洋炮打开了中国封建王朝闭关锁国的大门。中国开始逐步沦为半封建半殖民地社会，封建的高等教育逐步为半封建半殖民地教育所代替。在中西文化的碰撞中，一些有识之士和进步、爱国的思想家、教育家，在"教育救国"、学习西方科学文化浪潮推动下，对中国的传统教育进行了某些改革，高等学校逐步引进和吸收了西方教育和教学管理之法。同时，随着五四运动和马克思主义在中国的传播及中国共产党的诞生，在半封建半殖民地中国，中国共产党领导的革命根据地和解放区的高等教育，在中国现代教育史上也占有相当突出的地位，教学管理也积累了丰富的成功经验。下面就近现代高等学校学科专业设置、教学管理制度改革和革命根据地的教学管理经验，作某些剖析。

（一）中国近现代高等学校的学科设置

学科设置是高等学校教学管理的重要任务和内容。中国近现代高等学校的学科设置大体经历了以下几个阶段。

1.洋务派"兴西学"阶段

学科设置与培养统治者需要的各类专门人才息息相关。鸦片战争后，洋务派面对清王朝在军事、外交、商业等方面的对外交往中的一次次惨败，大力倡办"西学"，以培养维护封建王朝统治、能与洋人打交道的各类人才为主，高等学校除保留经学科外，新建和新设与"西学"相关的学校和学科。1862年，中国近代第一所过渡性的高等学校"京师同文馆"创建，先后设置的学科有英文、俄文、日文、法文、德文等馆及科学馆，以培养外交人才、翻译人才。此后，上海、广州、武汉等地均开设了以教授外国语言文字为主的"同文馆"或"学堂"。自1866年创设福建船政学堂和天津武备学堂、广东陆师学堂，洋务派"兴西学"中开设了一批教授西方军事、技术的学校和学科，多与军事相关，如水师学堂、陆师学堂、武备学堂、船政学堂、电报学堂、军医学堂等以及少量算学、化学、工程技术等学科，主要培养军事指挥和军事技术方面的人才。学科及学校设置由清王朝皇帝批准，主办人或总督负管理之责。

2.维新派"办新学"阶段

康有为、梁启超等维新运动领导人，把清王朝屡战屡败归因于教育不良、学术落后，竭力主张"兴新学""开民智"。1891年，康有为在广州设"万木草堂"，此后严复在北京办"通艺学堂"，梁启超在长沙办"时务学堂"等，掀起维新兴学运动。光绪皇帝采纳维新派计划，1898年正式筹办"京师大学堂"，并"取日本学规"，学科设置有经、法、文、格致、农、工、商等。1865年，盛怀宣在天津创办"中西学堂"（1903年改称"北洋大学堂"），学科设有工程、电学、矿务、机器、律例学等。1897年，在上海创设的"南洋公学"，学科设有政治、商务、电机、船政、铁路（土木科）等。

由此可见，维新兴学与洋务派办西学相比，均保留经学、重视外国语言文字和军事技术，不同点在于维新派重视"西政"，即西方的政治、文化、法律等人文社会科学，以培养维新人才。

3.清代新学制下高等学校的学科设置

在"兴西学""办新学"的促进下，清王朝于行将灭亡前的1902年、1903年，分别颁布《钦定学堂章程》和《奏定学堂章程》，史称"壬寅癸卯学制"。这是中国近代第一个完整的学制系统，规定高等教育分高等学堂（大学预备科）、分科大学堂（本科）和通儒院（研究生）三级。大学堂以"谨遵谕旨、端正趋向、造就通材"为宗旨，设置八大学科，即经学、政治（含法律）、文学（含文、史、地理）、医科（含医学、药学）、格致（理科，含算学、物理、化学、星学、地质学、动植物学）、农科（含农学、农艺化学、林学、兽医）、工科（含土木、机器、造船、造兵器、电气、建筑、应用化学、火药学、采矿及冶金等）、商科（含银行及保险学、贸易及贩运学、关税学等）。学科设置由中央教育行政机构管理。这一学制系统下的学科结构，除保留封建之"本"——经学外，与现代高等学校学科设置已较为相似或接近。

4.中华民国初期高等学校学科设置

1911年，孙中山领导的辛亥革命推翻了封建清王朝，建立了中华民国，并立即对封建教育进行改革。1912年和1913年确立了学校系统。此外，还陆续颁布了《大学令》《大学教育规程》等一系列教育法令，形成"壬子癸丑学制"。对高等学校明定以"教授高深学术，养成硕学宏材，应国家需要"为宗旨；对高等学校学科设置，规定大学设文、理、法、商、医、农、工七科。凡设文、理两科，或文科兼法、商二科，或理科兼农、工、医三科（或两科）的高等学校，方能称为"大学"；对仅设一科者称某科大学。此后，对10类高等专门学校的培养目标、课程分别作出规定，10类学校是政法、医学、药学、农业、工业、商业、商船、外国语、美术、音乐。科下设"门"，后将"门"改称"学系"。这一学科结构中，与清末相比，取消了经学（儒学），注重了应用性学科，从学科名称到结构都体现了资产阶级民主主义的要求，基本上将西方高等学校学科模式移植到中国高等教育中来，是一大进步。

5.1922年至1949年的学科设置

1922年11月，以北洋政府大总统徐世昌的名义颁布了新的学制系统，称"1922年学制系统"，简称"新学制"。对大学的学科设置规定为文、理、法、医、农、工、商七科，高等学校学科设置与结构就大学科而言，与民国初期相同。综合性大学必须设几个科，单设一科的大学称某科大学。但就一所学校内的结构而言，后来综合大学实行院系建制，下设学院，学院下设学系，学系的课程除基础课外，专业课分设选修课程组。这一"新学制"沿用至1949年。这一学科结构具有一定灵活性。

中华人民共和国成立后，中国高等学校学科设置学习苏联的经验，综合大学以文、理为主，非综合大学一般称学院。在院系调整中，取消了大学里的院级建制，而学系下设专业，专业课程中设专门化课程组。

（二）中国近现代高等学校教学管理制度改革

自中国近代高等学校产生，学校的教学管理制度经历了诸多改革。中华民国初期以前，以改革封建教育制度的教学管理为主，辛亥革命后的改革则以引进外国的教学管理制度、方法为主，但也都适当考虑了当时的中国国情。这无疑在客观上促进了中国近现代高等教育的发展。

辛亥革命前中国近代高等学校教学改革的主要内容是：第一，改革教学内容。在"中学为体"指导思想下以"经学为本"，但空泛的经学逐渐为西文、西艺、西政所代替，应用学科、技术学科知识比重逐步增多。第二，教学组织形式改革。班级授课制逐步代替以个别教学、班组教学为主导的封建教育中的教学组织形式。第三，课程结构改革。自1903年，将大学的课程分主修、辅修、选修几类。高等师范的课程分公共科、分类科、加习科三个课程阶段。第四，废除科举制度，改革考试制度、方法。1898年，正式废止科举考试，代之以新式学校的考试制度和方法。此外，高等学校教学管理的中央教育行政机构，由国子监到京师大学堂再到学部也反映了教学管理制度改革的某些轨迹。

中华民国成立后，高等学校的教学改革在资产阶级民主派和进步教育家倡导下，冲破复古逆流，顺应教育发展趋势，向广度和深度发展。在教学管理制度改革中，大量吸取了美、日、德、英、法等国的办法，突出表现在以下几个问题上。

1.推行选科制和选修制

蔡元培1917年就任北京大学校长后，倡导学术自由、兼容并包百家，大胆改革教学管理制度。废"门"改称"学系"，按学系制订教学计划；课程分必修和选修，倡行选科制、选修制；鼓励学生学习新知识，扩大知识视野和范围。1922年，选科制在"新学制"系统中以法的形式确认，规定中等以上学校采用。高等学校的选修制逐步完善，将课程分为共同必修、学系必修、选修及任意选修等类别。选修制沿用至新中国成立初期。

2.废除学年学时制，推行学年学分制

早在1919年前后，北京大学、东南大学开始试行学分制。1923年颁布的《中小学课程纲要》中规定，中学实行学分制，初中毕业须修180学分，高中毕业须修164学分。高中课程分公共必修、分科选修、纯粹选修三类。1929年，在《大学规程》中，确定大学实行学分制，各科课程采用学分制计算办法。1931年，教育部公布《学分制划一办法》，通令各大学采用学分制，但学生修满学分不能提前毕业；除医科外，学生四年修习期间至少修满132学分。学分制除中学后来停止实行外，高等学校一直沿用至新中国成立初期。

3.建立研究生教育和学位制

早在1902年的《钦定学堂章程》中，就规定设立具有研究性质的"大学院"，但对学习研究的年限无具体规定。1903年颁行《奏定学堂章程》，将"通儒院"作为高等教育的最高层次，学习年限五年，学生以研究为主，以研究成果作为考核的重要依据。1922年颁布的"新学制"中，设立的"大学院"已具有现代研究生院的性质。1924年2月，教育部颁布《国立大学条例》，规定国立大学可设大学院，招大学毕业或同等程度者为学生，研究有成绩者授学位。1935年，国民政府公布《学位授予法》，教育部同时颁布《学位分级细则》《硕士学位考试细则》等法规，初步建立了中国近现代研究生教育和学位制度。中国的学位分学士、硕士、博士三级，特种学科仅设一、二级学位。大学本科生修业期满、成绩合格经审核授予学士学位；在高等学校研究院（所）从事两年以上研究者作硕士学位候选人，考核合格由学校授予硕士学位；获硕士学位者在研究院（所）继续研究两年以上，经考试合格和审查认可作为博士学位候选人，博士学位由国家授予。由于国民政府轻视中国自己的学术水平，到新中国成立前实际上没有授过博士学位。

4.实行"导师制"和"训导制"

1938年，中华民国教育部颁布《中等以上学校导师制纲要》，1939年又公布《切实推进导师制办法》，此外还公布了《实施导师制应注意之各点》《加强学校训导之指导》，在高等学校有关规程如《师范学院规程》等中把"导师制""训导制"作为专章详加规定。"导师制"本是一种教师指导学生责任制，是加强教学管理、发挥教师对学生成长的积极作用的制度。然而，在旧中国高等学校中实行的"导师制"，虽有指导学生业务学习的一面，如选修课程指导等，但后来逐渐成为强化国民党法西斯教育的措施和压制、迫害进步学生的工具，甚至一些"导师""训导长"等为国民党特务充任。可见有些教学管理制度具有鲜明的阶级性。

（三）革命根据地的教学管理经验

自1921年中国共产党诞生起就十分重视教育工作。早在党的创建和第一次国内革命战争时期，中国共产党为了革命斗争需要就创办了受党的领导、影响和控制的高等学校，如湖南自修大学、上海大学、劳动学院、中法大学等。第二次国内革命战争时期，在条件十分艰苦的情况下，在中央苏区创办了以培养干部为主、具有高等教育性质的高级干部学校，如红军大学、苏维埃大学、马克思共产主义大学、高级师范学校及一批中等专业学校。抗日战争时期，为培养革命和建设人才，党在抗日根据地创办了一批高等学校，如抗日军政大学、陕北公学、中国女子大学、延安大学、鲁迅艺术学院、行政学院、中共中央党校、军事学院、八路军军医大学、民族学院以及自然科学院、中央研究院等。第三次国内革命战争时期，中国共产党在解放区大力发展高等教育事业，主要途径是整顿和改造已有高等学校，新设或组建新的高等学校，使高等教育向正规化方向发展。高校类别有军政大学，如东北军政大学、西北军政大学；新型正规大学，如北方大学、华北联合大学、华北大学；人民革命大学，如华北人民革命大学、中原大学；单科或专科高等学校，如医科大学、铁道学院、农业专科学校、商业专科学校等。中国共产党领导的高等学校在教学管理方面进行了不同于其他高等学校的大胆探索，取得了许多成功的经验，为社会主义高等教育产生、发展及教学管理积累了宝贵财富。

例如，注重马克思主义理论和政治思想教育，把坚定正确的政治方向放在一切工作的首位，努力造就一代马克思主义者。马克思共产主义大学开设了马克思列宁主义原理、党的建设、工人运动等理论课；"抗大"的政治教育开设了马列主义、政治经济学、哲学、联共党史等政治理论课。1941年，党中央作出《关于延安干部学校的决定》，规定凡带有专门性质的学校，政治课应占20%。政治思想教育的一个重要方面是党的高级干部经常给学生作形势任务报告、理论教育报告，延安大学还开设了思想方法论、中国革命史等课程。政治思想理论教育形式多样、联系实际、效果显著。

再如，注重理论与实际的结合，强化实践性教学环节。苏维埃大学开设的课程分三部分，即苏维埃工作的理论、苏维埃工作的实际问题、实习。延安大学将与中国实际相关的中国政治、中国经济、根据地情况和政策、敌后研究、边区建设概论等列为全校共同必修科目。"抗大"则把"理论与实际并重"作为教育原则和方法，坚持理论结合实际，坚持教育与生产劳动和革命战争结合，结合教学组织学生到敌后去、到抗日斗争的最前线去经受实际锻炼，运用所学知识。

又如，注重专业知识教育和应用人才的培养。在革命和战争年代，教育条件较差，要求根据地的高等教育不尚空谈，力求学以致用。因此各高校开设课程较注重实际的专业知识。抗日战争时期，延安大学的专业课占课程的70%。1941年，中央规定一般专门性学校，专门课应占50%，不需补习文化课的学校，专门课应占80%。因此，根据地高等学校培养的学生适用性强，实际工作能力强。

还如，在教学方法上，教学中倡导"采取启发的、研究的、实验的方式"，注重"发展学生在学习中的自动性与创造性"，"坚决废止注入的强迫的空洞的方式"，贯彻"少而精"的原则。

此外，解放战争时期中国共产党在解放区对高等学校进行整顿和改造，使其向正规化的方向发展，为建立社会主义高等教育积累了经验。

根据地和解放区高等学校教育与教学管理经验，至今仍有重大的借鉴意义。

三、外国高等学校的教学管理演进

外国包含着很多国家，由于各国的国情和教育制度不同，高等学校的教学管理也差别很大，全面探讨各国教学管理的经验是困难的。下面仅就有关问题拉出几个粗略的线条。

（一）外国高等学校和学科的发展

中古时期外国是否有高等学校，是值得争论和研究的，从比较和相对的角度看，至少应说学校教育中有层次略高的学校。

外国高等学校诞生于中世纪，对此看法较为一致，12世纪初的意大利，1158年，玻隆尼亚的法律学校发展成为玻隆尼亚大学，成为欧洲最早的大学。1231年，意大利又在医学研究基地萨拉尔诺创办教授医学的萨拉尔诺大学，成为西方早期的分科大学。在法国，以巴黎圣母院为基础发展的巴黎大学，1180年得到路易七世的正式认可，成为欧洲许多国家办大学的"样板"。在英国，牛津大学创办于1167年，剑桥大学创建于1209年。德国的大学发展较迟，到14世纪末才创办第一所大学。中世纪大学的学科设置，以文科为多，神学为主导，主要有神学、法学、人文、医学等学科。人文学科具有预科和普通教育的性质，教学内容为"七艺"，修毕文法、修辞、辩证法原理"三艺"，获文学士学位；再修毕算术、几何、天文、音乐"四艺"和哲学课程，获文科硕士学位。获硕士学位后，才能进入神学、法学、医学等专门学科学习。

14—16世纪欧洲的文艺复兴运动，促进了高等教育的发展。在人才培养上，注重学生个性发展、体格锻炼和艺术教育；冲破神学的束缚，改变了宗教教育在学校课程中的中心地位，自然科学教育引起突出兴趣。在课程和学科设置中，植物学、解剖学、物理学为新增，原"七艺"课程发生学科分化，如文法课程变成文法、文学、历史等课程。对学生的管理废除了体罚，主张"学生自治"等。文艺复兴时期的教育与教学管理在高等教育发展中起到了破旧立新、承上启下的过渡性作用。

随着资本主义生产的发展，高等教育得到较快发展，近现代高等教育大体分第一次世界大战前、第一次世界大战后至第二次世界大战、第二次世界大战后至20世纪50—60年代和20世纪60年代至今几个发展阶段，其发展主要表现为高等学校和在校学生规模的不断扩大、教学组织形式的不断变化、教学管理制度的日趋完善、教育思想的转变、学科结构的发展及教学手段的现代化趋势、办学形式的多样性等。

学科设置发展从中世纪起到20世纪前半叶经历了重文科（以神学为主）、重实科、重技术学科和第二次世界大战后学科的综合与分化等历程。

（二）外国高等学校教学管理与组织形式发展

高等学校教学组织与管理同普通教育一样，在教学实践中不断发展。

欧洲中世纪大学诞生后，学校规模小，教师、学生人数都较少。因此，多采用以师徒授受的个别教学为主的教学组织形式。以牛津、剑桥大学实行的"导师制"为例，每个导师仅指导几名学生。

16、17世纪，在文艺复兴的影响推动下，为适应社会生产发展和科学文化的进步，资产阶级要求打破天主教的精神枷锁，充实教学内容、扩大教育对象，经院式的教学受到冲击，班级授课制逐步产生和发展。捷克教育家夸美纽斯总结了前人的经验和自己的实践，提出并奠定了"班级授课制"的理论基础，使一个教师能同时教很多学生而不影响教学质量。"班级授课制"这一教学组织形式和教学管理制度，在包括高等学校在内的各类学校得以推行。

18世纪末至19世纪初，英国还出现了"培尔、兰卡斯特制"，又称"导生制"的教学组织形式和管理制度。由年级或班组中年龄大、学习好的学生当"导生"，教师给"导生"上课，"导生"向班级转述教师所讲内容。其特点是可节省教师、扩大学生名额，但难以保证教学质量，故而很快被取消。

19世纪末20世纪初，在资本主义社会，资本主义的高速发展和科学技术突飞猛进，对高等教育中的人才培养提出了新的要求，对人才的需求量日益增多，对各类学科专门人才的培养需求种类越来越多，对高等教育培养人才的规格、层次要求多样化。因此，"选修制"出现并发展，"主副修制"和"主副科制""学分制""单元制"等教学管理制度和组织形式呈大发展趋势，以适应资本主义生产和社会发展对各级各类专门人才的需要，教学组织形式更为灵活。在十月社会主义革命胜利后，苏联对"学年制"教学管理有了进一步发展，突出强调集体主义教育在教育与教学过程中的作用，"班级授课制"更为巩固和发展。在世界高等教育范围内，形成以美国为代表的"学分制"和以苏联为代表的"学年制"两种推行最广泛的教学组织和管理制度。

第二次世界大战后，国际竞争由经济竞争为主转向科学技术、人才的竞争，实质是教育竞争。日本、德国用教育促使经济腾飞的成功经验为世所注目。美苏两国科学技术竞争中强化了教育的作用。新的科学技术在教学过程中应用，如录音录像、程序教学、激光缩微等视听教学手段、工具的运用，使教育观念发生某些变化，教学组织形式更加多样化。"学分制"和"学年制"两种教学管理制度与方法互相取长补短，向注重教学质量提高的方向融合趋同。教学组织与管理的改革成为高等学校教学管理的一项重要任务。

第三节　大学教学管理的原则与依据

一、教学管理的原则

学校教学管理的原则是教学管理活动必须遵循的规则和要求。实践证明，只有在正确的原则指导下，教学管理才能有效进行。教学管理的基本原则主要有以下四个方面。

（一）遵循教学规律原则

教学规律是教学过程中教与学的本质联系，是教与学发展变化的内在必然性，集中反映在教学双边活动的全过程中，在教师有目的、有计划的启发和指导下，学生主动积极地学习知识、掌握技能、养成素质的教学过程中，凡是本质的、经常起作用的和普遍性的联系都具有规律性。例如，在传授知识的过程中培养学生的智力和能力；教学要循序渐进，使学生能够系统牢固地掌握知识；精选教学内容，使教学的要求与难度适应学生的接受能力；教学要坚持科学性与思想性相结合；理论联系实际，要能发挥学生的主体作用；教学要以提高人才培养质量为核心，正确处理政治与业务、基础知识与专业知识、理论与实践之间的关系；科技知识和人文知识要相互融合，使学生全面发展；等等。只有遵循客观规律，教学管理才能促进学生德智体美劳全面和谐发展。

（二）坚持办学方向原则

坚持社会主义办学方向是我国高校人才培养的基本要求和政治保障。教学管理过程必须认真贯彻落实党的教育方针和政策。党和国家的教育方针和政策是依据我国政治、经济、社会发展的客观要求制定的。高校的教育教学活动，为实现教育人才培养目标，为社会主义建设事业培养适应生产、建设、管理、服务第一线需要的高素质人才；高校的教育教学活动必须遵循学校职能的规定，使学生在政治思想、专业知识和职业素质等方面全面发展，成为合格人才。另外，坚持教育教学管理的社会主义办学方向还必须始终坚持四项基本原则，着力培养德智体美劳全面发展的社会主义建设者和接班人，为实现中华民族伟大复兴中国梦奠定坚实基础。

（三）强化效益效率原则

现代企业管理讲求"管理出效益"。教学管理应怎样才能使管理出质量、出效益？必须科学组织、合理协调教学系统内部及外部的关系，最有效地发挥高校内外教学资源的作用，以取得最佳的教学效果；从学校的实际出发，充分利用人、财、物、信息等资源，最大限度地发挥其效能，具体到教学的每个环节、每个阶段、每项工作，都必须有具体的要求和明确的标准。这样才能实现教学管理的高质量、高效率、高效益。

（四）落实民主管理原则

搞好教学管理必须体现以人为本的管理思想，实行民主管理。学校的教学过程是以教师为主导、以学生为主体的活动过程。教师和学生处于教学第一线，他们最了解教学情况，对教学工作最有发言权。只有充分发挥民主，让他们发表意见，并认真听取、尊重他们的意见，才能真正搞好教学管理工作；同时，教学工作及学校各部门、各单位，还必须充分发动全校其他成员积极关心、配合、参与教学管理，使教学管理形成一种合力。事实证明，形成合力的管理是最有效的。当然，实行民主管理的同时，还必须加强集中统一、科学决策。民主是科学决策的基础。

二、教学管理的依据

现代教学管理在学校管理中处于中心地位，但我们应该如何管理教学呢？一般认为，应以教育规律、教学过程特点、教学原则等为依据来进行教学管理。

（一）按照教育规律管理教学

教育规律为教育本质所决定，与教育本质、教育目的、教育过程密切相关。教育规律一般来说有如下几条。

第一，教育与社会协同发展的规律。有了人类社会，就有了教育，教育是人类社会特有的现象。社会学习化，教育社会化，教育广泛影响社会，渗透到各个领域、各个角落。而教育社会化又从各个不同的意义上更充分地显示出来，教育的时空观都在发生变化。从空间的角度看，有家庭教育、学校教育、社会教育，教育技术及远程教育又将这三者融通起来。从时间的角度看，对于一个人来说，向前推移到学前教育乃至婴儿教育，向后则延伸到高等教育之后的继续教育，形成了终身教育概念。与社会发展形成越来越紧密的联系，这是教育发展的一个基本规律。此规律对教学管理的要求，即教学管理要面向社会，要反映社会政治制度、社会意识形态，乃至家庭伦理等方面的要求，同时还要积极对社会政治制度、社会意识形态等发挥应有的影响作用。

第二，教育与经济协同发展的规律。教育的发展对经济具有依赖性，没有一定的经济发展水平，教育的发展是困难的。但经济的发展对教育也具有依赖性。劳动者素质是经济发展的基本要素，而劳动者素质如何则主要取决于教育状况。依照此规律，教学管理就要面向经济建设、面向现代化。在具体教学管理工作中，不能"有多少钱办多少事"或是等钱办事，而要积极开展教学管理工作，合理、有效地使用资金，在资金短缺的情况下亦可在管理过程中逐步解决有关经费欠缺的问题。

第三，学生身心协同发展的规律。学生的身心发展实际上是指学生的身体、心理等诸方面都得到发展，也就是指在德、智、体、美、劳等方面都得到发展。只有学生在诸方面都得到发展时，学生的综合素质水平才能得到提高。学生的这种水平不是几个方面发展的简单相加，而是几个方面发展的综合效应，几个方面是相互促进、相得益彰的，这是客观规律。此规律要求教学管理一方面要适应学生身心发展的水平，另一方面要促进学生身心发展，尤其是要促进学生身心协同发展。既要注重德育、智育、体育，也要注重美育，还要注重学生心理健康教育等；既要传授给学生知识，提高他们的智能，又要教学生如何做人，形成优秀的品德、良好的心理素质和健全的体魄。

（二）依据教学过程特点来管理教学

教学过程是教师有目的、有计划地引导学生掌握文化科学基础知识和基本技能、发展认识能力和创新能力、增强体质、增强生存能力、形成良好道德品质的过程。教学过程有其自身的特点，管理教学要依据这些特点来进行。

第一，教学是教师引导学生学习前人在实践中总结出来的已知知识和已知理论。首先，教师的活动主要是传授知识。传授知识是教师活动的基本部分或基础部分，教师有育人的活动，包括教学生如何做人的活动，但这是离不开知识传授的，教师在传授知识的活动过程中肩负着教学生做人的使命；教师有组织学生的活动，但这种组织活动的基本目的是为传授知识活动能够顺利展开服务的。其次，学生学习知识具有间接性。已知知识和已知理论就是教学的内容，即课程、教材。教学内容是从人类已获得的、逐渐积累起来的文化科学知识总库中精选出来的，它反映着时代的要求，是随着时代发展变化而变化的。学生一方面所习得的都是他人和前人的知识，另一方面这些知识仅靠直观、直感是很难习得的，有大量看不见、听不着、摸不到的东西，还有借助实物、图像甚至先进的仪器设备也看不见、听不着、摸不到而只能靠理性思维才能把握的知识。间接性既依靠这种思维能力实现，同时又对发展这种能力起作用。最后，教师和学生之间的影响是双向的，但不是对称的。教师影响学生，学生也影响教师，但教师对学生的影响与学生对教师的影响在性质上是有差别的。前者是有目的、有组织进行的，显性和隐性的影响形式都有。而学生对教师的影响主要是无意中展开的，更大程度上取决于教师自身的体验。根据这些特点管理教学，就要充分考虑教学内容的时代性，认真落实国家有关义务教育课程标准、大纲、教材等的要求，把教师传授知识作为衡量教师工作的基本标准，发挥教师传授知识的主导作用，调动学生学习的主动性和学习潜能，积极培养学生的学习能力。

第二，教师向学生传授书本知识，主要在课堂上进行。课堂教学是根据课程标准、教学大纲和教科书等的规定进行的，是教学工作的基本组织形式。由于中小学教学要在短短几年或十几年内打好知识基础，要力求在尽可能短的时间内，教给学生最基本、最适用、最持久起作用的那些基础知识，这些知识对学生来说又是间接经验，不像直接经验那样容易理解和巩固。因此，教学管理就要充分考虑课堂教学的内容、方法、手段等，做到内容要精选、方法要有效、手段要先进，要尽可能利用感性材料，尽可能利用直观、直感，发挥感觉器官的作用，理论联系实际，使学生能把感性与理性、具体与抽象结合起来，保证课堂教学的效率和质量。

第三，教学与教育紧密联系。教学过程对学生来说，既是认知发展的过程，包括意志和情感发展过程，也是受教育的过程。除教师的教育外，知识本身也有教育因素，学生通过知识学习，不仅获得了知识和技能，而且在情感、意志、品德等方面也随之发生变化。学生品德优良、意志坚定，获取知识的主动性就更强；学生文化科学知识不断充实，也能促进学生认识能力等不断提高。所以，教学管理要充分考虑育人工作，教师要为人师表，学校要努力塑造好的教风、学风、校风，给学生提供健康成长的环境条件，切实做到教育与教学并重。

（三）以教学原则为依据管理教学

教学原则是根据人们对教育规律和教学过程规律的认识提出来的，是教学经验的高度概括和总结，是根据教学目的、教育方针提出的教学工作的基本要求，是解决教学内容、教学方法、教学组织诸问题必须遵循的原则。尽管由于对教育与教学目的的认识存在差异、对教学规律的看法不同而制定的教学原则也有不同，因而有各种不同的教学原则体系，但教学原则体系对教学管理仍有特别意义。教学管理不宜总是以教育方针、教育目的去指导教学和进行管理，而要具体化一些。同时，教学管理又不宜直接指导教学方法，何况不同学科、不同年级的教学方法各异。教学原则正好可两者兼顾，它既体现教育方针、教育目的、教学规律，又可以指导教学方法及教学各环节的实施。所以，管理教学应依据教学原则进行。在当今时代，在具体教学管理活动中，尤其要注重以下教学原则。

因材施教原则。就是从学生的实际出发，根据不同教育对象，采取不同的方法进行教育。学生的个别差异是客观存在的，无论是传授知识还是进行思想政治教育，无论是课堂教学还是课外活动，都应该贯彻这条原则。要做到因材施教，必须要了解学生，了解学生的兴趣爱好、性格特点、知识水平、身心发展状况等，根据这些情况，有针对性地开展教育教学工作。

循序渐进原则。就是要按照知识本身的科学体系和学生身心发展的规律进行教学。科学知识有一定的系统性，这种系统性就是"序"，学生身心发展也有一定的"序"。遵循这个"序"进行教学，这样教的知识必然是"可接受的"，这样学的知识也必然是巩固的，这应该既是教师教的原则，也应该是学生学的原则。

知识传授与发展智力相协调的原则。就是既要重视知识的传授，又要重视在传授知识过程中发展学生智力；既要引导学生学习，又要引导学生学会学习，两者有机结合，协调发展，不可偏废，这是重要的原则。教学中传授知识和发展智力是对立统一的关系。在教学组织合理的条件下，两者是统一的、互相促进的。智力是在掌握知识的过程中发展的，不学习知识就不可能发展智力。反过来，智力获得良好的发展可以使学生学习知识加快、加深，并能够灵活运用。但是，传授知识和发展智力并不完全是一回事，有同样知识或知识水平大体相同的学生，彼此的智力和学习能力可能不一样。在教学组织不合理的条件下，学习知识和发展智力两者之间会发生割裂甚至对立的现象。所以，要在掌握两者内在联系的基础上，有目的、有计划地把传授知识和发展智力统一起来。

思维训练与操作训练相协调的原则。思维能力与操作能力是两种性质不同的能力。简单地说，就是动脑能力和动手能力，或者说是想和做。这一原则所强调的就是重视这两个方面，而且重视这两个方面的协调发展。在人的智力中，思维力被认为是核心成分。但是，实行也很重要，而且实行对思维的发展也有一定的作用，实行能力很差也影响思维发展。思维力的外显也需要实行，其作用的发挥离不开实行。思维可使人聪明，实行也可使人聪明，两者协调起来、和谐发展，不仅知识可以学得更好，而且人也会变得更聪明起来。贯彻这条原则，就要正确处理动脑和动手的关系，就要把教学和生活、间接经验和直接经验、观点和材料结合起来。结合理论知识的系统学习，联系具体实际，使学生了解所学理论知识的实际意义，帮助他们获得必要的直接经验和事实材料，以便更好地掌握书本知识和间接经验，同时还要创造多种多样的活动形式，使学生把知识运用于实践，如练习、实验、实习、参加一定的劳动和社会活动，学会读、写、算及其他一些学习和生活的基本技能，学会独立地、创造性地运用知识。

教师的主导作用与学生的主体作用相协调的原则。学校教师与学生之间的关系，应当建立在一种相互理解、相互沟通的基础上，不仅在认知层面上沟通，而且在感情层面上沟通。在教学过程中，教师与学生都在发挥作用，一般情况下，教师发挥主导作用，学生发挥主体作用。教师的主导作用关键在一个"导"字——辅导、引导、向导、教导、指导等，但主导绝不是主演。教师应尽量让学生当"主角"，尽量让学生去"自己完成"，也就是尽量让学生发挥主体作用。学生是心理活动的主体，在这种活动的有效展开过程中，越放手让其处于主动地位效果就越好。教师的引导是必要的，但代替又是徒劳的。教师也是自己心理活动的主体，其主体作用的发挥也是重要的，但是，教学的主要目的、落脚点，在于学生主体作用的发挥，在于培养他们，在于使他们和谐发展；

教师主导作用发挥得如何，又主要根据学生主体作用发挥得如何来评判。教师主导作用越是充分发挥，就越能保证学生主体作用的发挥，学生的主动性、积极性、创造性就会充分展现出来；学生越是充分发挥主体作用，就越能体现教师的主导作用。学生主体作用的发挥与教师主导作用的发挥应该是协调的、和谐的。教学管理既要关注学生主体作用的发挥，又要关注教师主导作用的发挥，还要特别关注这两种作用的协调与和谐。

第二章　大学教学管理的理念

第一节　人本理念

一、人本理念的概念

人本理念建立在对人的认识的基础上。人本管理就是以人为本的管理理念，即以人性为核心，点亮人性的光辉，实现人的自我价值，提高人的整体素质，以谋求使人获得超越受缚于生存需要的更为全面的自由发展，从而实现组织目标，保证人与组织协调可持续发展的一种管理活动。

人是管理中最核心的因素。如何认识人的本质或本性是管理中的重大问题。人在管理领域中定位如何，人与管理目的的关系紧密与否，一直是管理学探讨和研究的核心课题。随着社会的发展和人类文明的进步，管理中的人性越来越引起人们的普遍关注。自古以来，中外学者对有关人性方面的假设都有自己独特的见解，如"受雇人""经济人""管理人"等。

马克思主义从人的存在和发展一般规律出发，论述了人的本质，从而奠定了人本管理的基础。马克思主义认为，人的本质通过人的三种属性表现出来：一是人具有自然属性，一方面，人具有自然力和生命力，是能动的自然存在物，另一方面，人又是被动的、受制约和受限制的存在物。二是人具有社会性，是社会的人，人的本质是人的真正的社会联系，是人在积极实现本质的过程中创造、生产人的社会联系和社会本质，人的社会本质不是抽象的，而是具体的。正因为人具有社会性，所以，人必然受到社会各种因素的影响，其中涉及与他人的关系。人的个性是人的社会属性的具体表现。因为个性是由社会性决定的，影响个性形成的因素主要是社会因素，个性的发展有赖于社会提供给个人的实际可能性。三是人具有精神属性，即人有理性、能思维、有思想感情、渴望自由、平等等精神方面的特性。可以说，如果抛开精神属性，就无法有力地说明人在自然属性和社会属性上与动物有本质区别。

需要是人的本性。人的一切活动无非是使自己的需要得到满足，而这种需要是多样的、复杂的，按满足需要对象的形态可分为物质需要和精神需要。按需要层次分，马克思主义从哲学的高度把需要分为生存需要、享受需要和发展需要三种层次；美国心理学家马斯洛则把需要分成生理需要、安全需要、归属需要、尊重需要与自我实现的需要。人的需要就是生存的需要、情感与自尊的需要、创造发展的需要。生存的需要是人的最基本的需要；情感与自尊的需要属于精神需要的范畴，是建立在物质基础之上，但又超越物质需要，是人的本性决定了人需要情感、自尊；而创造发展的需要则是高于情感与自尊的需要，是人在不断发现自我中创造和发展自己，是人固有的本质力量，而创造性的实践活动正是人的本质力量的体现。以人为本，就是人类的一切活动都要以满足人的需要为出发点，以实现人的全面发展为目的。从教育的起源和发展来看，教育产生和存在的前提是人，教育的目的是更好地实现人的自身价值。教育是以人为对象的活动，人贯穿于整个教育活动的始终，人是教育的主体。学校贯彻以人为本的教育管理理念，就是一切以教师和学生的发展为核心，为师生创造良好的发展条件和空间，实现其最大限度的全面发展。

学校教学管理是一门科学和一门艺术。向管理要质量，向管理要效益，早已成为现代人的共识，然而，如何管理才能出高质量和创高效益是摆在每位学校管理者面前的一个重要课题。进入新时代，理解人、尊重人的价值观将会得到广泛认可，人本管理理念将成为学校管理的重要内容。在人本理念的指导下，管理者不再把员工视为管理的对象，而是"战友"和"同盟军"。管理者对员工的态度将发生根本的转变，真正尊重员工，相信每位员工都能把工作做好，都具有做最佳员工的内在原始冲动。而阻碍员工达到这一目标的主要因素不是员工自身，而是管理者提供的环境条件。在这种情况下，员工的行为将发生根本的改变，不再因害怕惩罚而被迫工作，也不再因期望奖励而向管理者展示积极性，蕴藏在员工内心深处的价值实现感、成就感、事业心、自尊、自爱、自强心理与主动性、创造性将自然地发挥出来，进而可以自觉与管理者一道，把工作做得更好，为企业注入更强劲的发展动力。

二、人本理念的要点

在如今知识经济呼唤创新精神的时代，学生和教师的民主意识、参与意识大大增强，自主精神大大提高，学校管理更应最大限度地发挥他们的积极性、主动性、创造性。工业经济时代的传统教育是一种"标准化"教育，与之相适应的学校管理是强调统一性的刚性管理；而新经济时代的教育是鼓励创新的教育，与之相适应的学校管理是有较高理智水平的柔性管理。柔性管理是一种采用非强制方式和非权利性影响力，在人们心目中产生潜在的说服力，从而把组织意志转变为自觉行动的管理，柔性管理的最大特点是以人为本。有专家认为，柔性管理将成为21世纪学校管理的主要模式。

以人为本的管理是在管理中高度重视人，服务于人，把人作为管理的主要对象、管理的最重要资源和管理的最终受益者，弘扬和尊重人的价值，全力开发人力资源，激发人的潜能，发展人的个性，谋求人的充分、和谐、全面、自由发展为最终目的的管理。以人为本的管理核心是把握人的心理规律，以关心人、尊重人、激励人的柔性管理为出发点，改善人际关系，激发人的积极性、主观能动性和创造性，从而提高劳动效率和管理效率。学校是知识分子密集区，教学管理中的人本理念就是要进一步解放教师和学生，使每个人的积极性都得到充分调动，创造力得到充分发挥。为此，必须找到一种能充分发挥人员才能的制度结构，以打破对其自由创造性的限制，彻底清除"外压内耗"的人为樊篱，提倡文明治校。这样的管理不仅要有规范化的规章制度，还应体现在对学校人的个性的理解和尊重，为学生和教职人员提供实现自我价值的机会，满足他们的成就需求。只有充分信任和尊重他们，创建民主、和谐、轻松的教学氛围，并提供一个充满创造性的、可以发挥教育智慧的空间，才能使教学工作生机勃勃。

第二节　系统理念

一、系统理念的概念

系统是指由若干相互联系、相互作用的部分组成，在一定的环境中具有特定功能的有机整体。就其本质来说，系统是过程的复合体。系统理念是指运用系统理论中的范畴和原理，对组织中的管理活动和管理过程（特别是组织结构和模式）进行分析的理念。系统理念的要点如下：组织是一个系统，是由相互联系、相互依存的要素构成的；根据需要，可以把系统分解为子系统，子系统还可以再分解。如为了研究一个系统的构成，可以把系统分解为若干个结构子系统；为了研究一个系统的功能，可以把系统分解为若干个功能子系统，而对系统的研究就可以从研究子系统与子系统之间的关系入手。

系统在一定的环境下生存，与环境进行物质、能量和信息的交换。系统从环境输入资源，把资源转换为产出物，一部分产出物为系统自身所消耗，其余部分则输出到环境中。系统在投入—转换—产出的过程中不断进行自我调节，以获得自身的发展。

运用系统观点来考察管理的基本职能，可以提高组织的整体效率，使管理人员不至于只重视某些与自己有关的特殊职能而忽视大目标，也不至于忽视自己在组织中的地位和作用。

二、系统理念的要点

（一）开放与流动原理

在现代管理中，其中的任何一个系统，都已经不再是孤立的、封闭的、静态的简单系统，而是有着广泛联系的、开放边界的、动态的复杂系统。这样的系统有一个基本特征，就是开放性和流动性，因此，在系统中充满了各种各样的联系，按照系统科学的观点，联系是由流通所决定的。在这个意义上，我们完全可以说，一个系统的活力就在于流通的性质与流通的状况。系统的联系与流通，一般可分为系统与外部环境之间的联系与流通及系统内部的联系与流通。系统与外部环境之间的联系与流通，即系统不断地从外部环境中吸收维持和发展本身活力所需要的物质、能量和信息，同时，不断地向外界输出影响本身活力的物质、能量和信息。系统内部的联系与流通主要表现为内部的信息流，具体可体现为物流、资金流、人员流及管理方式和程序。

（二）功能与结构原理

功能和结构是系统论中的两个基本概念，二者常常同时使用，因此，系统功能和系统结构的关系，就成了系统研究中的一对基本关系，二者之间的关系可以表述为：系统功能的决定性和系统结构的体现性，即系统的结构是由系统的功能所决定的，而一定的系统结构只能体现它所对应的系统功能。正因为如此，在研究系统的秩序（或"有序结构"）问题时，要特别注意认真研究决定有序结构（结构序）的"功能序"，研究各因素间通过支配作用形成的联系并表现为支配链的"因子序"。研究系统中处于支配地位或支配作用的因素，即所谓"序因子"，发现其决定着系统的秩序。序因子的变化即支配关系或主从关系的变化，也就使系统的结构秩序发生变化，即"序变"。

（三）分解与协调原理

一个系统之所以可以分解，是因为系统由许多元素或许多子系统组成，而这些元素或子系统具有各自的结构和能级；一个系统之所以可以协调，是因为系统的构成元素或子系统之间具有相关关系，这种相关关系主要表现在：元素与元素之间的相关关系，元素与子系统、元素与系统之间的相关关系，系统之间的相关关系，子系统与系统之间的相关关系，系统与外部环境之间的相关关系。一个系统之所以需要分解，是为了研究子系统的结构与功能，以便更充分地展开子系统的能级；一个系统之所以需要协调，是为了有效地进行整合，以便充分地实现系统的整体性功能。系统的分解和协调过程是系统进行优化的过程，有助于纠正一些人存在着的把"局部服从整体"视为系统优化的全部观念所在的误解。实际上，系统优化过程包含了这样的基本思路：首先，将大系统分解为不同等级的子系统或不同职能的分系统，按照局部标准进行局部优化；其次，根据整体标准对子系统进行系统协调。这种分解和协调的过程要循环进行多次，优化过程的结果表现为系统整体最优，而各子系统或分系统也达到最优或接近最优。

第三节　就业理念

高校要适应人才市场的需要，以培养学生的就业能力、创新能力、创业能力为重点，突出实践教学，创新人才培养模式和机制；要配备强有力的就业工作队伍，建设完善就业服务体系，把就业指导的全程化、全员化、专业化和信息化提高到新的水平上。职业教育必须坚持就业为导向改革创新，要牢牢把握面向社会、面向市场的办学方向。因此，学校要培养学生树立正确而良好的就业理念。

一、高校就业工作的困境

高校办得成功与否，一条重要的衡量标准就是看其毕业生是否受社会欢迎，是否有较高的就业率和就业质量。目前，高校在就业工作方面存在的主要问题和困难有以下四个方面。

一是就业指导服务体系尚未实现有效运转，也没有建立与专业相适应的全程化、全员化的工作模式，更无法开展个性化服务。就业指导工作仅停留在举办讲座、现场招聘、提供信息等方面，没有形成规范化、科学化、系统化、多元化的就业指导工作体系。

二是就业指导人员水平参差不齐，特别是二级学院和基层教研室就业指导工作人员配备不齐全，对就业指导工作的内涵理解不够深入和全面，缺乏专业的、高素质的职业指导师；对就业指导的研究还停留在粗浅阶段。

三是社会对大学生在认同上存在偏差，当前社会上存在"人才高消费"现象。如招聘会上，一些用人单位将招聘的学历要求设置得过高，导致许多毕业生被拒之门外，人为地加大了毕业生的就业难度。现行的人事管理体制、用工制度、毕业生待遇等因素也对大学生就业产生了不利的影响，出现就业结构性矛盾，造成供需严重不平衡。

四是大学毕业生还普遍存在着不良的就业心理，不愿从事基层工作，眼高手低，怕苦怕累；经受不住择业中遇到的困难和挫折，情绪失控等。许多学生无法对自身进行合理定位，难以接受就业岗位大众化的现实，没有做好从一个普通劳动者干起或是独立创业的准备，不适应人才需求和人才流动的市场化趋势。

二、高校就业理念的提升

高校就业理念的提升是一项系统的工程，主要应从以下三个方面进行努力。

（一）规范日常就业指导工作

日常就业指导工作的规范化首先是要重新调整就业指导部门机构。在此前提下，高校应进行科学的岗位职务分析，并依据职务分析的结果进行细致的工作分工。首先，要实行责任到人、挂牌上岗的管理制度；其次，要建立就业指导的流程化管理，从新生入学开始，就业指导就要开始工作，按照大学生能力与心理发展特点分阶段安排工作内容，把就业指导贯穿于整个大学教育过程。这实际上是就业指导工作环节的规范化。

（二）强化就业指导和完善调研制度

首先，高校要努力强化现行就业服务指导所从事的各项基本工作，使处理诸如签约、办理手续等日常性工作的水平大幅提升。这一任务应在短期内完成，为进一步开展其他工作提供一个良好的平台。其次，学校要建立需求预测和工作调研制度：一是要通过对就业市场的预测，帮助毕业生正确把握就业方向，也为就业指导机构调整工作内容提供客观依据；二是要通过对毕业生就业工作情况、就业指导机构运作情况和各有关方面情况的调研，总结成功经验，发现问题，为改进工作方式和提升工作水平找到依据。

（三）建立职业规划指导工作评价系统

对职业规划指导工作进行考核评价是强化就业服务指导工作、满足高校学生和用人单位需求的重要手段。为此，要建立一套对就业服务指导工作全面考核和评价的体系。在评价内容方面，除国家对各高校的"一次就业率"要求和学校内就业工作目标外，主要内容之一是进行服务对象对就业指导机构的工作满意度调查。调查的内容不仅包括服务项目、服务水平和服务态度方面，还应该包括对学生职业生涯塑造效能方面的指标。上述评价及跟进的措施可以有效地促进高校学生的就业，从而提高学生与用人单位对就业服务指导工作的满意度。

第四节 创新理念

教学管理工作不是一项简单的适应性工作，而是一种不断解决新问题的创新工作。教学管理改革与创新要求管理者在充分尊重教学管理客观性的同时也实现管理主观性的能动发挥。

一、创新的概念

当"创新"这个名词在管理学或经济学的教科书中出现时，通常与设备的更新、产品的开发或工艺的改进联系在一起。无疑，这些技术方面的革新是创新的重要内容，但不是全部内容。创新是一种思想及在这种思想指导下的实践，是一种原则及在这种原则指导下的具体活动，是管理的一种基本理念。

二、创新的类别与特征

系统内部的创新可以从不同角度考察。

从规模及对系统的影响程度来考察，可将创新分为局部创新和整体创新。局部创新是指在系统性质和目标不变的前提下，系统活动的某些内容、某些要素的性质或其相互组合的方式，系统的社会贡献的形式或方式等发生变动；整体创新则往往改变系统的目标和使命，涉及系统的目标和运行方式，影响系统的社会贡献的性质。

从环境的关系来考察，可将创新分为消极防御型创新与积极攻击型创新。防御型创新是指由于外部环境的变化对系统的存在和运行造成了某种程度的威胁，为了避免威胁或由此造成的系统损失扩大，系统在内部展开局部或全局性调整；攻击型创新是在观察外部世界运动的过程中，敏锐地预测到未来环境可能提供的某种有利机会，从而主动地调整系统的战略和技术，以便积极开发和利用这种机会，谋求系统的发展机会。

从组织程度上来考察，可将创新分为自发创新与有组织的创新。任何社会经济组织都是在一定环境中运转的开放系统，环境的任何变化都会对系统的存在和存在方式产生一定影响，系统内部与外部直接联系的各子系统接收到环境变化的信号后，必然在其工作内容、工作方式、工作目标等方面进行积极或消极的调整，以应付变化或适应变化的要求。与此同时，社会经济组织内部的各个组成部分是相互联系、相互依存的。系统的相关性决定了与外部有联系的子系统根据环境变化的要求自发地作出调整后，必然会对那些与外部没有直接联系的子系统产生影响，从而要求后者也作相应调整。系统内部各部分的自发调整可能产生两种结果：一种是各子系统的调整均是正确的，从整体上说是相互协调的，从而给系统带来的总效应是积极的，可使系统各部分的关系实现更高层次的平衡，除非极其偶然，否则这种情况一般不会出现；另一种是各子系统的调整有的是正确的，而另一些则是错误的，这是通常可能出现的情况。因此，从整体上来说，调整后各部分的关系不一定协调，给组织带来的总效应既可能为正，也可能为负（这取决于调整正确与失误的比例），即系统各部分自发创新的结果是不确定的。

与自发创新相对应的，是有组织的创新。有组织的创新包含两层意思：系统的管理人员根据创新的客观要求和创新活动本身的客观规律，制度化检查外部环境状况和内部工作，寻求和利用创新机会，计划和组织创新活动。与此同时，系统的管理人员要积极引导和利用各要素的自发创新，使之相互协调并与系统有计划的创新活动相配合，使整个系统内的创新活动有计划、有组织地展开。只有有组织的创新，才能给系统带来预期的、积极的、比较确定的结果。

　　鉴于创新的重要性和自发创新结果的不确定性，有效的管理要求有组织地进行创新。为此，必须研究创新的规律，分析创新的内容，揭示创新过程的影响因素。

　　当然，有组织的创新也有可能失败，因为创新本身意味着打破旧的秩序，打破原来的平衡，因此具有一定的风险，更何况组织所处的社会环境是一个错综复杂的系统。这个系统任何一次突发性的变化都有可能打破组织内部创新的程序。有计划、有目的、有组织地创新，取得成功的机会无疑要远远大于自发创新。

第三章　大学教学管理的规划

第一节　大学专门人才的预测

一、大学人才预测的背景

（一）当前我国高校专业结构调整势在必行

高校培养的人才数量、质量、层次、结构必须符合社会发展的需要，但是随着市场经济的发展，以及产业结构和技术结构出现多元化的趋势，高校专业人才培养与社会需求之间的矛盾再次显现出来。高校培养人才结构的偏离，结构性专业人才不契合、结构布局不合理。主要表现在由于高校扩招在一定程度上引发的毕业生就业难的问题。

首先，高校对热门专业的追逐。例如，部分热门专业，几乎所有的学校都有设置，致使此类专业招生人数比例逐年上升，这些专业毕业人数远远超过社会需求。还有一些时髦的专业，社会需求总量就小，如首饰设计、室内设计、旅游经济、饭店管理、国际商务、公共关系、涉外文秘等专业，毕业生的就业率往往不足50%。

其次，高校对所谓的"长线"专业的保留。存在一批创办已久的传统的优势学科，现在被称为长线学科的专业，如历史学、物理学、考古学、社会学、基础教育学等。近几年，社会对这些专业的毕业生需求总体上在减少，但这些专业还继续维持一定的招生规模。

最后，一些普通管理岗位应征者严重供大于求，同时，许多技术岗位招不到人，大量的"灰领"型的新岗位严重缺人。

因此，当前高校专业调整势在必行，同时，专业调整必须坚持有计划有步骤长期地逐渐接近最佳效能，从国家及地方的发展走向把握方向。一要对国家经济和科学发展状况有明确的认识，掌握国家对人才需求的整体发展趋势。二要对社会和相关行业的发展对人才的现实需求和潜在需求进行调查、分析和预测。三要结合科学发展，不断发挥新的优势，培育新的特色，根据企业需求的状况和变化主动调整自己的专业方向。

（二）人才预测是高校专业调整的依据

人才预测学是一门研究未来社会一定发展阶段内对人才的需求数量和结构规律的应用科学。它研究的对象概括地说，就是研究社会一定发展时期内，适应经济、社会科学技术发展的人才数量和结构规律；研究预测的一般原则和方法；研究人才有计划的培养、补充和合理使用的可能性和现实性，为人才培养规划提供科学依据[①]。

人才预测是自上而下的，是通过大量调查和论证得出的，最终目标是为制定人才培养规划提供依据，为教育事业调整、改革和发展指出明确的目标和方向，最后能为高校专业调整提供依据。

通过人才预测可以掌握国家和地区未来对人才数量、层次和专业等方面的需求，了解行业人才现状与需求之间的矛盾，哪些专业的人才培养过剩，哪些专业的人才培养不足。获得的数据能够从整体上说明高等

---

①魏云峰. 基于支持向量机的高校人才评价系统的设计与实现[D]. 长春：吉林大学，2016.

学校所设的专业，哪些应该减少招生，哪些应该扩大招生，哪些专业应该撤销，应该新设置哪些专业，这样就能避免学科的重复建设，把有限的人力、财力、物力用到最需要的地方。

（三）国外人才预测与高校专业结构调整

国外在运用人才预测指导高校专业结构调整方面已有许多成功经验。1928年苏联第一次运用人才需求预测进行专门职业类型的人才需求预测。第二次世界大战后，海雷斯和沃尔弗分别预测了美国大学生的供求和未来科学的需求。20世纪五六十年代英国科学人力委员会对科学家、工程师持续作出了预测。

最为典型的是日本，早在1960年日本制定《国民收入倍增计划》之初，就预见到今后科技发展和产业结构将会发生较大的变化。因此对计划目标年度1960—1970年各产业部门的就业人数作了精确的估算，预测到在计划内约缺17万名高级科技人员。据此要求，教育部门尽早制定出理工科大学增加招生名额，并根据工业布局增设工业大学的具体计划。从1961年开始，每年增招16000名理工科学生，到1964年又提高为每年增招20000人。至20世纪70年代中期，理工类专科、本科大学生所占的比例已超过40%，基本上扭转了日本大学不适应产业发展需要的专业结构，进而带动了日本经济的腾飞。

20世纪90年代以来，日本政府及各界人士认识到21世纪将是生命科学大放异彩的时代。日本文部省在1982年提出了一系列有关"需要特别推动的高、精、尖领域的研究"命题。经过激烈竞争，1986年挑选出48个课题，其中22个与生命科学有关。日本各名牌大学从国家科技发展战略和社会发展需要出发，加大了生命科学研究的最高层次——博士学位人才培养的数量和质量。1997年，日本继英国克隆出"多莉"羊之后，在世界首例成功地克隆出牛。1992年，日本在生命科学领域发展迅速，总体研究水平已超过加拿大、法国、意大利等国，名列世界第三。

二、人才预测体系再造

我国现阶段所作的人才预测更多只是从大体趋势上的预测，并没有对人才需求作出一个详细、多层次精确的预测，预测体系不完善，对高等教育专业结构调整不能起到一个很好的指导作用。所以，加强人才预测体系的再造，可更好地为高校专业结构调整提供可靠依据。

（一）权威的预测机构

在市场经济条件下预测不一定必须由国家作出，也可以结合多方面的力量共同做好人才需求预测。

1.国家预测

统计学传统下，预测机构一般是国际组织、中央及地方的研究机构、大学或金融部门及其所属机构。由教育部高教规划司和国家统计局、地方教育部门和地方统计局相结合，国家教育部门和国家统计局负责全国宏观的人才预测，地方教育部门和地方统计局负责地方微观的人才预测。另外还可以把高校数学、管理学、教育学和社会学等研究力量结合在一起，使行政部门和科研部门的预测相得益彰。

2.商业预测机构

一些预测机构是商业性机构，如美国的兰德公司、日本的野村研究所等。鼓励商业性机构的发展，使商业机构所作的预测能够很好地成为国家预测的补充。

3.人才市场预测

目前我国已建成国家、地区、省、市多级人才市场，要充分利用人才市场掌握的数据资源，加强人才市场对于国家、地区人才需求预测的能力。

（二）形成多层次人才预测体系

人才预测是一项复杂的社会系统工程，它结构复杂、信息量大。人才预测同科技发展预测、经济发展预测、人口预测、教育规模预测等交织在一起形成了一个立体的预测体系。

一个国家或地区对人力资源的需求包括总量需求和个量需求两个大的方面。前者指一个国家在某一段时间内对人力资源的需求总量，包括数量、质量、结构等方面的需求；后者则是某一企业在某一阶段对人力资源的需求量，同样包括数量、质量、结构等方面的需求量。宏观与微观相结合、行业与地方相结合，预测结果相比较可以评审预测的精度。因此，人才预测系统首先应包含国家和地区人才预测两个子系统；其次，在这两个子系统下又应该有人才总量预测系统、人才年龄学历结构、职称结构、学历结构、行业结构的分布预测等子系统。

（三）滚动的人才预测体系

人才需求预测的整个过程包括调查和采集信息、抽样选点、建立预测模型、进行预测分析、发布预测报告、对预测结果进行评价。人才预测的结果被采用后，一些行业人才需求达到平衡，而另一些行业的人才需求又出现不平衡，又产生了新的需求，那么下一轮的人才预测又将开始。人才需求预测的这几个阶段不断循环形成一个闭合回路。

人才预测周期的长短与经济发展速度是紧密相联系的。当今，经济环境变化较快，长期预测已经不能满足社会的需求，所以在做好长期预测的基础上，还应该做好中、短期预测，采用滚动预测的方法，使预测的结果更具有动态性和可调整性。

（四）完善人才预测指标体系

人才预测指标体系是一个由一系列相互联系的人才预测指标和相关指标构成的整体，它完整地说明了人才未来需求量和具体结构状态。

建立和设立人才预测指标体系要按照具有前瞻性、针对性、可比性、适用性、可操作性的要求。既要表达人才资源的现状，又要表达未来对人才资源需求的程度，从各个层面、各个角度反映人才资源形式。主要从规模性结构指标、素质性结构指标、年龄性结构指标、产业性结构指标、速度性结构指标、紧缺性结构指标、效益性结构指标来描述人才层次、数量、功能的需求状况。

建立人才预测指标体系的同时必须构建人才指数体系。根据人才结构的特征和人才指数体系编制方法，把人才指数体系的主要指标定为五项：人才学历指数、人才职称指数、人才年龄指数、人才产业指数和人才综合指数。把人才预测的内容分为重点行业人才预测、紧缺行业人才预测、支柱产业人才预测。

人才市场预测指标体系，可以根据人才市场供需情况和人才市场人才流动情况来编制人才市场指标体系。内容为区域行业人才需求预测、区域紧缺人才预测。

（五）增强人才预测管理信息系统

现代管理信息系统是依据系统的观点建立，利用现代技术方法和计算机网络技术，提供各种作业、管理和决策信息的集成化的人机系统，它能准确迅速地提供各级部门所需的信息。建立管理信息系统是一项复杂的工作，需要大量的人力、物力、财力和时间。因此，必须运用系统工程的原理和方法开展工作，即以整体性、综合性和发展的观点为基础，通过科学的程序和方法来建立管理信息系统。

人才预测管理信息系统。一方面是信息的收集、处理和分析，另一方面是信息的提供和使用。从某种意义上来说人才预测的全过程就是人才信息管理的全过程。建立管理信息系统，第一，可以保证信息的准确、使用、及时、完整，加速对信息的审查，使信息的分析结果有更高的利用价值；第二，可以保障及时发布信息；第三，建立人才储备数据库，根据人才分布和预测增量，制作各种专业人才分布变化预测曲线图，直观地反映人才发展变化趋势；第四，开发计算机软件，使预测过程更为简单、结果更为精确。

人才预测、预报信息的发布要以相对固定的指标，主要采取以年度人才信息发布会，定期和不定期在人事网站，报刊专版、专栏和电视公布相关信息。

（六）加强对于新兴产业和人才紧缺行业人才需求的预测

人才预测还要全面反映紧缺行业和新兴行业人才分布和变化特征。通过对重点领域人才的统计和预测，结合人才市场预测，编制年度人才开发目录，确定新兴行业和人才紧缺行业的岗位类别，引导这些领域的人才开发工作，为高校新的专业设置提供可靠的依据。

第二节　大学教育的组织结构优化

组织结构是指组织内部各组成部分之间关系的一种模式。它决定了组织中的指挥系统、信息沟通网络和人际关系，最终影响组织效能的发挥。组织通过一定的结构形式固化管理流程和资源分配。从管理上看，一个有效的组织创造出的价值应大于其内部个体单独创造价值的总和。在组织中决定人的行为的首要因素是组织结构。结构理论认为，组织结构决定组织的功能，功能是结构的表现，只有组织的结构合理，组织的功能才能得到完全的发挥，我们才可以说组织达到了最佳的效能。为此，有必要重新审视和优化高等院校的组织结构。

一、大学组织结构构建的原则

（一）符合时代发展的要求

这一原则反映了组织结构设计必须体现和反映时代特征，它反映了组织结构特征与环境特征、组织结构设计中的因变量与环境特征之间的关系，它要解决的是时代特征与组织结构特征一致的问题。它要求组织结构设计者必须把握时代特征，并据此来设计组织。现代社会是一个高度分化和高度综合相结合的时代，因此大学教学、科研单位的设置和划分必须适应这一时代要求。

大学组织结构设计必须反映和体现时代特征，不仅表现在教学、科研单位的设置，而且体现在管理决策层、联结装置的设置，体现在各种各样灵活机动的有利于、服务于社会的组织的出现。现代社会要求大学为社会服务，大学生不能只在象牙塔里。因而，大学决策层中社会各方面人员的参与，决策层人员构成的多元化，是这种社会要求在大学决策设计中的具体反映。所有这些都表明，把握和认清时代特征，并根据大学的自身特点设计大学组织结构是每个大学决策人员必须充分认识的一条原则。

（二）适应战略任务的需要

从理论上来讲，不同大学的战略需要有不同的组织结构来确保其战略的实现。例如，实施前瞻性战略，应采用灵活机动的有机组织结构；实施保护性战略，应采用稳定性强的机械组织结构；采用教育社会化战略，其组织结构则必须与社会密切联系，能随时反映社会要求，具有灵活性高、适应性强的特点。社会要求总是在变，因此大学的战略也在变，组织结构也需要随之而变。

（三）保持与组织所处环境特点和组织决定力量的一致性

组织结构特征应与组织所处的环境特征相一致。在简单、稳定的环境中，组织应采取简单的组织结构；在复杂多变的环境中，应采取灵活性强、机动性高的有机组织结构；在复杂的环境中，组织应采取事业部结构；而在对立性强的环境中，组织应采取集权性强的简单结构。分析环境特征，并根据环境设计和选择与环境特点相一致的组织结构，是大学组织管理的重要任务。

组织结构的形式应该与组织的决定力量相一致。根据加拿大管理大师明茨伯格的观点，在不同组织结构中，起主要作用的力量是不一样的。创业者组织的决定力量是方向，机械组织的决定力量是效率，职业结构的决定力量是精通，事业部结构的决定力量是集中，创新组织的决定力量是学习。由于不同组织的决定力量不同，追求目标不同，因此应根据组织的实际来选择组织结构。如果组织追求的是效率，那么就选择机械组织与其一致；如果组织追求的是精通，则应采用职业结构。只有这样才能保持力量与形式的一致，保证组织目标实现。

（四）适宜的权利分配

在设计和选择大学组织结构类型时，不能简单地认为创新组织结构比职业结构好，也不能说事业部结构优于机械组织结构。我们需要的是权变，即具体问题具体分析，根据具体环境、具体工作任务、具体工作特点来设计和选择大学组织结构。当大学处于简单而平稳的环境，而且对决策所需信息不大时，大学领导趋向于集权。而当大学处在复杂多变的环境时，大学领导由于时间、精力不够，以及问题的多样性、变动性，难以处理；另外，由于对工作相对环境的理解程度不够，不得不将有关权利下放给下属人员，下放给直线职能部门、参谋人员、有关专家，让他们去处理那些例外情况多、非常规化程度高的工作。

（五）一定的机动性

在传统的象牙塔的状况下，大学所处的环境相对稳定，其组织结构趋向科层结构，即行为正规化、教学程序化、教学内容固定化。而在现代大学中，由于大学的职能多样化，环境变化日益迅速，教学科研与社会的联系日益紧密，不可分离，大学要根据社会需要从事科研，根据社会需要组织教学，因而大学组织结构必须保持一定的适应性、灵活性和机动性。例如，在教学方面，大学根据社会需要，筹办各种多层次、多专业的教学班、讲习班、研讨班、讲座；在科研方面，根据社会需要，承担各种各样的科研项目。所有这些都说明，环境越动荡不定，大学组织结构的机动性要求就越高。

二、大学组织结构构建与优化

第一，通过合理的组织结构构建，使高等院校具有明确合理的组织疆界。组织疆界是划分组织内外资源的分水岭，这是一个组织构建其组织结构的首要目标，也是传统高等院校组织构建时常忽视的问题。传统高等院校的组织疆界过宽，院校内部的管理包罗万象，机构臃肿，人浮于事，管理效率较低。组织管理者必须通过管理手段控制组织内资源，而通过市场手段来购买组织外资源，从而降低管理成本，提高管理效率。聪明的组织管理者会有效地设计自己组织的疆界，专注于控制具有核心竞争力的资源，以达到管理效率最大化的目的。

第二，通过合理的组织结构构建，促使高等院校组织达到集权与分权的有机统一。权利是组织中一种无形的力量，一个管理者的权利来源于组织对其的依赖度，所控制的财务资源、正式职位赋予的权利以及对决策信息的控制。管理者位于组织结构的中心，其权利的集中是组织正常运转的保证。组织结构中高层对低层有控制的权利，而低层对高层同样有讨价还价的权利。为了减少高层和低层之间权利的摩擦，提高效率和员工的参与意识，越来越多的组织倾向将管理者的权利分散，授予中层管理人员和普通员工。成功的分权，应保证将权利授予知识、技能达到一定水平的员工，并辅以一定的激励机制和有效的信息反馈及沟通系统。

第三，通过合理的组织结构构建，使高等院校组织能够满足影响组织结构各要素的需要。根据美国的伯顿和奥贝尔两位教授的长期研究，影响组织结构的要素有六类，即领导和管理模式、组织及文化氛围、组织规模及组织技能、组织的外部环境、组织的技术水平和组织的战略发展。两位教授还指出，很多组织结构的调整，目的多是希望新的组织结构能满足六要素的要求。

第四，通过合理的组织结构构建，使高等院校组织有适合的部门组合。不同组织和不同目标的组织可能会有不同的部门组合。随着信息技术的发展和组织管理水平的提高，现代大学的组织架构由一成不变的集权化、等级制的组织架构，转向分权化而富有弹性的架构。

第五，通过合理的组织结构构建，使高等院校组织有迅速有效的执行能力。越庞大的组织，执行能力越低，这就导致了大组织的效率不如小组织。提升组织的执行能力，首先应保证管理指令系统的顺畅，每个员工都有明确的汇报路线，每个员工有唯一的负责人负责他的行政管理和工作行为。在很多大学内部，员工有时没有明确的汇报、管理路线，科长、处长，甚至其他部门的处长都是自己的领导，指令体系的不顺畅会使员工无所适从，工作中只能消极等待上级的安排。其次，应构建合理的管理层级和控制跨度，管理层级过多会导致组织执行速度减慢，而适当控制跨度可以减少管理成本、提高管理效率。

第三节　大学教育的投资

一、大学教育投资的概念与性质

（一）大学教育投资的概念

办教育总要有一定的条件，要有一定的人力、物力、财力作保证。用于教育的人力、物力、财力，我们统称为"教育投资"。

高等教育投资是指教育投资中按一定比例划分出来，用于培养高等专门人才的那一部分经费。正确认识高等教育投资的性质、经济价值及社会意义，对于扭转专门人才培养与国民经济发展严重失调的局面，对于确立教育投资在国家财政支出中应占的比例及高等教育投资在整个教育投资中应占的比例，都有着极为重要的意义。

（二）大学教育投资的性质

对高等教育投资性质的认识，包括两个有机联系的方面。

首先，是对教育投资总体性质要有一个正确的认识。教育投资不仅具有重要的社会性，而且具有重要的生产性。尤其是生产性这一点，过去长期为我们所忽视，已造成严重的后果。这是我们今天必须认真记取的教训。如何认识教育投资的生产性？马克思的劳动价值理论，为我们提供了重要的理论依据。马克思指出，要对劳动力从事教育和训练，"就得花费或多或少的商品等价物。劳动力的教育费随着劳动力性质的复杂程度而不同。因此，这种教育费用……包括在生产劳动力所耗费的价值总和中"。从马克思的这段论述中，我们可以清楚地看出三层意思：1.要办教育就得有一定的投资；2.教育投资随所培养劳动力的复杂程度而异；3.教育投资属于劳动力再生产的一种投资。

教育费用作为劳动力再生产的社会费用，是用于培养和提高劳动者劳动能力的一种投资。劳动者的劳动能力"具有一种特殊的特性：它是一种创造价值的力量，是一种生产价值的源泉，并且在适当使用的时候是一种产生比自己具有的价值更多的源泉"。可见，用于培养劳动能力的教育投资是用来开发"创造新价值源泉"的一种投资，它理所当然地"应加入劳动能力的生产费用或再生产费用"。

其次，是对教育投资中高等教育投资的特殊性质要有一个明确的认识。在我们看到劳动能力是创造新价值的源泉时，还应当看到，它所能创造的新价值的多寡，是与其劳动能力的高低成正比的。而劳动能力的高低又是与教育投资的多少成正比。归根结底，劳动力的价值与培养它的教育投资成正比。所以，马克思说："比社会平均劳动较高级较复杂的劳动，是这样一种劳动力的表现，这种劳动力比普通劳动力需要较高的教育费用，它的生产要花费较多的劳动时间，因而它具有较高的价值。既然这种劳动力的价值高，它也就表现为较高级的劳动，也就在同样的时间内物化为较多的价值。"马克思的这段话，深刻地揭示了教育投资、劳动力质量以及劳动力所能创造的价值三者之间互成正比的客观规律。

随着现代生产的发展，特别是新的技术革命，对劳动力质量提出了越来越高的要求，由此而导致世界各国的教育投资呈现日益增长的趋势。

二、大学教育投资的多元化

（一）大学投资多元化的内涵及来源

1.大学投资多元化的内涵

《中国教育改革和发展纲要》明确提出，以国家财政拨款为主，辅之以征收用于教育的税费，收取非义务教育阶段学生学杂费，校办产业收入，社会捐资、集资和设立教育基金等多种渠道筹措教育经费的新教育投资体制。

2.大学投资多元化的来源

各国大学投资的来源，因各国的政治制度、经济制度和教育制度的不同而异。但从整体上看，各国大学投资的来源主要包括：国家（包括中央政府和地方政府）支付；社会部门和团体、组织以及私人等的资助或直接投资办教育；受教育者缴纳的学费；通过其他形式筹集的教育资金；与教学活动有关的销售和服务收入；学校附属企业及其他经营活动收入。在我国，大学经费总收入是指学校和教育事业单位在年度内取得的所有收入之和，按来源渠道可分为国家财政性教育经费和非财政性教育经费两部分。

（1）国家财政性教育经费

国家财政对教育的投资，即国家财政拨款，这是大学投资的主要来源，也称主渠道。我国国家财政对大学的拨款主要包括以下指标。

预算内教育经费。指中央和地方各级政府用于教育事业的财政拨款，包括教育事业费拨款、教育基建拨款、科研经费拨款和其他经费拨款等部分，是大学经费的最主要来源。

各级政府征收用于教育的税费。指中央和地方各级政府为发展教育事业而指定机关专门征收，并划拨给教育部门使用的款项。例如，城市教育费附加、农村教育事业费附加、投资方向调节税附加和按职工工资的一定比例征收的教育费，以及征收用于教育的旅馆床位附加费、社会集团购买专控商品附加费、宴席税费等。

企业办学教育经费。指由厂矿企业办的并在企业营业外资金列支或企业自有资金列支的各类学校办学经费。

校办产业、勤工俭学和社会服务收入用于教育的经费。指校办产业、勤工俭学和社会服务收入用于补充教育经费的部分。

（2）非财政性教育经费

主要包括以下指标。

社会团体和公民个人办学经费。指经教育主管部门批准并承认学历的社会团体和个人举办的各类学校办学经费。

社会捐赠集资办学经费。指城镇、农村、厂矿、企事业单位和个人根据自愿、量力的原则捐赠集资助学，以及海外侨胞、港澳台胞、外籍团体、友好人士等对大学的资助和捐赠。

事业收入。指学校和教育事业单位开展教学、科研及其他辅助活动依法取得的经财政部门核准不上缴财政专户管理的预算外资金及经财政专户核拨回的预算外资金，包括教学收入和科研收入；非义务教育阶段学生缴纳的学费；住宿学生缴纳的住宿费；按照有关规定向学生收取的其他费用等。其中，非义务教育阶段学生缴纳的学费，单列学校核准留用和财政专户已核拨数，不包括上缴财政专户但尚未返还部分。

其他收入。除上述各项收入以外的其他各项收入，即附属单位缴款和其他收入中扣除对校办产业投资收益之和。

（二）大学多元化投资理念的形成与深化

1.单一投资主体体制的弊端

我国大学长期处于办学主体和投资主体单一的体制下，社会力量被排斥于办学和投资主体之外产生了诸多问题，主要表现在：

（1）资源短缺与严重浪费并存的问题

国家包投入，一方面，国家对于高等教育的投入严重不足，另一方面，"条块分割"的办学体制使得大学游离于社会之外，把有限的资源大量浪费在后勤保障方面；条块分割，造成高校之间的资源无法共享，人才积压、场所闲置、设备放空，"小而全""大而全"的现象普遍存在；教育资源由国家统一调配，经费由国家统一划拨，运作的动力系统由行政驱动，筹资办学的积极性丧失。

（2）教育资源结构和布局的不合理

国家统包的投资体制，使学校只求温饱不求发展，学校内部管理效率低下，机构臃肿、人浮于事。大学资源的分布方面，大中城市局部资源泛滥，小城市和农村教育资源极度匮乏；东部地区资源丰富而中西部地区资源奇缺，教育机会均等难以实现，客观上也加剧了城乡的对立和东部与中西部地区发展的不平衡[①]。

在这种情况下，建立大学投资多元化体系不仅是当前一个严峻而紧迫的任务，而且对于促进我国教育事业在新世纪的持续发展具有深远意义。

2.大学多元化投资理念的形成

20世纪90年代后期，国家推动的高等教育大众化战略"使办学经费急剧增长，政府越来越感到难以承担高等教育大众化引起的巨大的教育经费需求"。"穷国办大教育这样的现实，迫使教育改革必须从教育体制改革入手，打破政府一元办学，积极鼓励社会力量参与办学，形成以政府办学为主体，社会广泛参与办学的格局。"大学投资体制改革推动了办学经费多元化格局的形成，而大学资源分配的市场机制的导入，为大学多渠道获得办学经费提供了更多的机会。于是，一些大学开始转变办学观念，把握发展机遇，多渠道筹措办学经费，以缓解办学经费紧张的矛盾。

①刘志东.新文科背景下投资学课程内容体系与课程建设探讨［J］.中国大学教学，2021（05）.

（1）大学从单一投资理念向多元化投资办学理念转变

大学管理体制改革的目标是，基本形成举办者、管理者和办学者职责分明，以财政拨款为主、多渠道经费投入，中央与省、自治区和直辖市人民政府两级管理、分工负责，以省、自治区、直辖市人民政府统筹为主，条块有机结合的体制框架。通过多年的改革，大学实现了从单一投资体制向多元投资体制转变、从输血形式的资金注入向造血与输血相结合形式的投资体制转变、从几乎完全依靠境内资金向利用境内与境外资金转变，形成了大学办学经费多元化的格局。表现为：

经费形式的多元化。转型期影响中国高等教育资源变化的基本因素分别有来自政府的主导力量的因素，有来自原有体制资源结构中不存在的增量因素，有来自制度转换中政府不断让渡所出现的新生因素，更有因市场力量的介入而不断重组的资源配置新动力因素。表现在办学经费上，教育经费要实现"财、税（有税性质的教育附加费）、费（非义务教育阶段的学费及各级各类学校的杂费）、产（校办企业和第三产业）、社（社会团体、个人集资、捐资）、基（教育基金）并举"。随着大学体制改革的深入，银行贷款、土地、设备等有形资产、无形资产等也成为广义的办学经费形式。

经费投入主体的多元化。办学经费投入主体既有国内的也有国外的，包括国内外的政府、财团、银行、企业、慈善机构、自然人等。这推动了民办独立学院、公有民助、民有公助等多种形式的民办高等教育的兴起。

经费来源渠道的多元化。从筹资角度看，"收入多样化"占据了主导地位，经费渠道不仅包括政府向大学和学生提供资金援助，也存在着通过学费进行资金回收（包括通过教育服务取得办学经费、科技产业和商服企业经营性收入、咨询服务与科技成果输出收益等）、企业和本校毕业生捐赠等形式。从融资的角度看，近些年兴起的高等教育市场与资本市场的双向介入与互动，使大学可以通过让渡一部分现实或长远利益，获得贷款、企业资金注入、风险资金注入等。

（2）市场机制的观念导入到大学资源分配体制中

大学投资体制的转变，也导致了资源分配体制的转变，表现为政府资源分配从经常性投入方式向竞争性投入方式转换，非政府资源分配则更直接地导入市场机制。

随着大学改革的深入，国家改变了以往包办大学教育的做法，通过引入市场竞争机制来调节大学资源的分配。因此，大学将在生源市场、资金市场和就业市场等市场中进行激烈竞争。同时，以知识为基础的大学深受经济变动的影响，不仅在一国的经济中，而且在世界市场形成了大学的序列。这就加快了根据竞争分配资源的市场机制的导入，开始了通过绩效评估进行分配资源、追求效率和效能的经营时代和淘汰时代。

从目前来看，市场机制在大学资源分配中，不论是政府掌控的资源，还是非政府掌控的资源，在配置过程中越来越发挥基础性作用。从资金（资本）的来源构成分析，市场机制在非财政性教育经费的配置中发挥着重要作用，这是毫无疑问的；在财政性教育经费的配置中，市场机制似乎没有立足的余地。其实不然，政府采购就是在财政性经费配置中让市场机制发挥基础性作用的典型案例。同理，不要说在目前"综合定额+专项补助"的财政性教育经费拨款制度中，市场机制在专项补助的竞争中已经起着重要作用，就是"综合定额"这一块，也能借助市场机制大大优化教育资源的配置。因此，让市场机制在资金这类教育资源配置中发挥基础作用也是可能的。

在现实的大学管理体制改革中，从"211工程"到"985工程"，从教学质量监控到高校分类管理，从以就业率高低限制招生的政策到办学效益评价的红黄牌制度，都是在运用竞争手段、绩效评价手段对大学进行宏观管理，也都体现着市场机制的理念在大学资源分配中的作用。

3.大学多元化投资理念的深化

随着大学多元化投资格局的形成，大学多元化投资的理念得以进一步深化。

（1）竞争理念、经营理念和改革理念普遍出现

大学普遍引入竞争理念，树立质量取胜观念。学校教育质量的好坏，决定其"产品"——毕业生在就业市场的竞争力。而毕业生就业率的高低以及用人单位和学生自己对学校的评价，又将影响学校的社会声誉，进而影响到学校在生源市场和资金市场的竞争力。只有教育质量上乘的学校，才能在激烈的竞争中为自己获得更充足的资源投入和更广阔的发展空间。因此，学校必须提高教育质量，加强形象策划和对外宣传，提高社会声誉，提高学校的综合竞争力。

大学导入经营理念，尝试大学的"资本经营模式"。以资本手段经营整个学校，把学校的一切资源，特别是智力资源优势，与资本市场对接，使之转化为货币化的资本，以实现资本增值的最大化，扩大学校经费来源渠道。

大学深化改革理念，推动体制创新，改革内部管理体制。一方面推行董事会制，尝试推行大学法人治理结构，吸引更多的办学主体和投入主体，扩大经费来源渠道；另一方面推动干部人事制度改革、后勤社会化改革、学院制改革等，向管理要效益，提高管理效率，降低管理成本。

（2）大学普遍重视筹资、融资和引进外资工作

大学加强筹资工作。通过切实为地方经济建设和社会发展服务，积极争取地方政府的最大支持，一方面是积极争取政府增加经费投入，另一方面是争取政府在政策上的支持与倾斜，减少支出，比如贷款贴息、税费减免等。寻找办学增长点，增加事业性经营收入，如兴办民办性质的二级学院，利用民办教育的优惠政策增加收益；与地方、企业等合作

办学，建立校地合作、校企合作的研究机构等，为地方经济建设、企业发展提供服务，增加收益；积极开展职后培训和进修，加强国际合作办学，开辟办学增长点。采取灵活形式间接筹资，可以通过与投资者、科技人员合作以地权换股权、以学校无形资产换股权、以智力资源换股权或资本等形式增加收益。此外还应争取企业、财团、校友及社会各界以捐资、捐赠等形式支持高校。

大学加强融资工作。融资是拓展学校办学经费渠道，实现学校办学经费增长的关键。大学通过与证券市场、金融市场、私人资本市场和风险资本市场的双向介入与互动，实现合作互惠、共创双赢，不仅是必要的，也是可行的。学校应当继续加强银校合作，推动与金融资本的双向介入与互动；积极谋划校办产业上市，推动与证券市场双向介入与互动；积极吸引社会力量参与办学，推动与私人资本市场的双向介入与互动；积极吸引风险资金实现学校高科技项目产业化，推动与风险投资资本的双向介入与互动。

大学加强引进外资工作。利用《服务贸易总协定GATS》有关条款、国家吸引外资的政策，以及对于中外合作办学的优惠政策，积极引进国外资金和资源，包括世界银行贷款、国外教育财团和慈善机构贷款或赠款、外国企业投资等，用于学校发展建设。

第四节　大学发展规划的制定

发展规划是一种重要的现代大学管理手段，制定和实施战略规划是大学发展的内在需要，有助于大学领导和广大教职员工明确自己所承担的工作的地位与意义，理解自身工作对实现战略目标的影响，促进大学实现自主发展。

一、大学发展规划的性质与特点

大学规划一般有两类：一类是常规的工作计划；另一类是涉及一个比较长的时期，三年、五年甚至更长时期的规划。前一类很具体，属于日常工作性的；后一类相对比较抽象，从性质上讲它是战略性的，也就是通常所说的战略规划。关于战略规划与工作计划的关系，从一般意义上讲，前者涉及大学发展方向、基本指导思想，而后者更多的是把战略规划的目标、思路付诸实际的工作安排和行动方案。这两类规划既相联系又相区别，二者是相互影响、相互补充和相互依托的关系。

但战略规划和工作计划毕竟是两种不同的规划，除了在编制技术与方法上存在差别外，二者在性质和任务上也存在重要差别。就工作计划而言，它着重解决三个问题：一是谋划具体工作，如年度工作计划——一年中大学发展目标、主要任务、要开展的主要工作及其进程等，都具体而详尽地反映出来。二是谋求变化，即追求绩效，高度关注结果、高度关注变化是工作计划的重要特征。三是谋定责任，即解决做什么、怎么做和谁来做的问题。一个由工作目标、工作活动、工作部门、负责人员所组成的责任系统构成了工作计划编制的基本逻辑。而战略规划所考虑的问题、所关注的重点则有很大的不同。这里着重讨论大学发展规划的战略规划。

（一）战略规划所关注的重点

1.谋划全局

战略规划是对大学整体的、系统的设计，是基于大学现实状态而进行的面向未来一定时期的发展状态的设想。在战略规划中，院系发展、学科专业建设、教学与科研等都是放在大学全局中来考虑的，是从全局发展的需要来设计的。因此，在局部与整体的关系上，整体优先于局部，局部服从整体。这样讲并不意味着局部就是无足轻重的，事实上，在战略规划中，局部的战略意义就在于它是影响全局的重要因素，因此，谋划全局时必须高度重视局部设计。

2.谋划重点

大学发展面临的机遇和挑战很多，千头万绪，往往令人在规划中难以取舍和抉择。战略规划就是要超越各种具体问题，抓住影响大学发展的重大问题、核心问题和关键性问题进行重点设计，如此方可提纲挈领，将大学发展的总体思路梳理清楚。在大学发展的不同阶段，战略规划应当解决的重点问题是不同的。战略规划编制完成后，大学整体的发展局面就像一盘棋，环环紧扣、步步衔接，蓝图描绘出来了，轻重缓急弄清楚了，具体工作就好计划和安排了。

3.谋划长远

战略规划所覆盖的时限往往要持续一个时期，一般来讲，少则三年五年，长则十年八年，甚至二三十年。其中，涉及十年八年或更长时期的战略规划更具有战略意义。战略规划所关注的是可以预期的未来。现在信息越来越发达，预测手段越来越先进，预测和规划能力不断提高，对大学长远的发展状态是可以进行比较准确的预测和设计的。所以，战略规划要谋划长远，不能短视或近视，要看到长远发展和未来趋势。

（二）战略规划须有战略思维

要做好谋全局、谋重点、谋长远的工作，在战略规划中必须有战略思维。首先，它是一种整体思维，着重于宏观设计，超越一般的、具体的层面而关注大学发展的整体性问题。其次，它是一种重点思维，确定优先发展的问题和发展的核心问题，将这些问题集中起来进行重点思考，从中找到大学发展的方向。再次，它是一种主体性思维，不拘泥于文件，强调超越具体规定，形成大学自身的主张和追求。从次，它是一种责任思维，是基于大学的社会责任而进行的谋虑，是对大学长远发展的负责任的选择，超越了个人利益、局部利益和眼前利益。最后，它是一种理想思维，以高等教育理想为支撑，不畏惧各种困难和风险，在设计大学未来时适度超越现实、更具理想化特征。

二、大学发展战略规划的方法与重点

战略规划是一种着眼于大学长远发展需要、影响大学整体发展方向及进程的设计。编制战略规划，不仅要掌握信息采集技术、形势分析技术、预测和模式设计技术，以及发展路径的设计与最优化技术等，而且还应当厘清战略规划编制所涉及的各种关系，明确它关注的重点和要解决的主要问题。技术是重要的，但后者并非不重要，在我国大学，编制战略规划尤其要重视其性质和它所关注的重点。只有这样，才能保证编制的战略规划具有科学性和合理性，能够对大学发展发挥应有的促进作用。

（一）编制规划文本还是规划学校发展行动

1.编制战略规划——完成规划文本

编制战略规划是一个阶段性的工作，无论是大学办公室、规划处（办），还是临时成立的规划小组（委员会），其任务都是在规定的时限内完成编制工作，其标志就是拿出一份规划文本。对规划部门而言，完成规划文本的写作是其工作目标。对大学而言，规划文本的成稿还只是迈出了战略规划的一小步，其实际执行还要经历一个很长的时期。所以，一份规划文本不仅具有形式上的意义，而且还具有实质的意义，也就是影响大学发展的意义。但有些大学规划部门往往重形式更甚于实质，以拿出文本为主要目的，而忽视了它应当解决的主要问题。这也是为什么很多战略规划编制完成后虽然经过行政办公会、教代会或党代会讨论通过了，但对大学发展所起的作用却很不明显的一个重要原因。

2.规划行动——设计大学未来的办学行为

战略规划的实质在于规划行动，在于设计大学未来的办学行为。在一个规划周期内，不管是五年还是十年，大学发展要达到什么目标、开展什么工作、解决什么问题、采取什么重大措施，都是战略规划必须作出回答的。战略规划将大学发展行动设计出来后，大学领导、有关部门和教职员工的工作就可以有所遵循了。所以，编制大学发展战略规划，既要重视文本形式，更要重视内容实质。文本形式要规范，有利于师生员工理解；发展行动设计要有针对性，要能使师生员工明确大学发展的方向，明确要解决的问题和自身的使命。做好发展行动设计，需要有充分的信息作保证。在编制战略规划时，一般都要开展数据统计，召开各种座谈会，以获取所需要的信息。但很多大学所进行的数据统计缺乏科学性，座谈会缺乏战略性，导致发展行动设计难以为师生员工所认同。

3.深度信息采集

要编制一份既有前瞻性又有合理性的战略规划，必须做好深度信息采集。深度信息采集涉及大学方方面面的信息，一般来说，主要分为三类：第一类是物理信息。包括对大学地理位置、区域分布、校园布局以及有文字材料作依据的各种信息。第二类是数据信息。数据信息可以通过信息采集表获得，信息采集表所涉及的信息应当是能够反映大学核心价值的各种数据。第三类是心理信息。通过各种形式、各种层次的讨论会、座谈会或访谈，可以获得师生员工对大学发展的愿望和期望，也包括他们的抱怨和批评。通过三类信息的采集，可以获得大学各方面的相关信息，全面系统地了解大学发展状况以及未来发展潜力，在这个基础上开展大学发展行动设计，所编制规划的质量是有保障的。

（二）回避矛盾还是超越矛盾

大学是一个社群，人员密集，关系错综复杂，各种利益关系和非利益关系对大学发展有着重要影响。在实际办学过程中，大学领导之间、院系之间、部门之间、教师和行政人员之间、教师和学生之间、学生和学校之间都存在诸多矛盾，有时还有很激烈的利益冲突。战略规划需要确定大学重点和优先发展领域与项目，决定有关部门院系、学科专业在战略上的意义，决定资源的总体流向，因此，必然触及各种关系和矛盾。由于规划人员所处的特殊位置，在处理有关矛盾的时候，有的采取迁就的方式，哪一方强势就向哪一方倾斜；有的采取回避的方式，尽可能地不去碰那些矛盾，实在需要面对，也采取绕弯子的办法，尽可能地兼顾各方利益。显然，这样编制出来的规划不可能真正解决大学发展的核心问题。

编制战略规划不仅要直面各种矛盾，而且要超越各种矛盾。规划人员应当全面了解规划所涉及的各种矛盾，理解方方面面的利益诉求，从整体上把握大学各方利益关系对长远发展的意义。在此基础上，从大学长远发展需要出发，协调各种矛盾和利益诉求，在保证重点和优先领域与项目的前提下，适度兼顾有关方面正当的需要。做到这一点还不能保证规划的战略性，规划人员还应当超越各种矛盾来审视大学的长远发展。

战略规划的关键是确定大学新的学术生长点。发现新的学术生长点的过程是超越各种矛盾和利益冲突的过程，如果陷入各种矛盾关系之中而不能自拔，是不可能有所发现的。发现大学新的学术生长点，需要规划人员进行战略思维。一般而言，可以从三个方面来考虑。

1.在各种矛盾冲突中寻找新的学术生长点

大学的矛盾冲突并不都是有害的，在某种意义上，大学学术的发展是由各种矛盾冲突变化推动的。规划人员要善于分析各种矛盾冲突的原因、背景、条件及其变化结果，将其中与大学长远发展高度相关的学术要素挑选出来，作为重点予以考虑，使其成为大学重点培育的新的学术领域或项目。

2.在薄弱或空白领域寻找新的学术生长点

一所大学总有其优势学术领域，具体表现为实力较强、水平较高、条件较好的院系以及学科专业和学科方向等。这些优势领域往往有着较高的地位，受到特别的关注，在资源分配上常常得到优惠或倾斜。在战略规划中，出于巩固大学地位和社会声誉的需要，往往会对这些优势领域予以高度重视，这也是大学发展的重要战略之一。今天的高等教育大变革，应当开发新的学术生长点，培育更多的优势学术领域，谋求更大的发展。在一些弱势或空白学术领域，大学能否有所作为，需要在编制战略规划时进行谨慎的研究和选择。如果能够超越现有的优势学术领域，从长远发展需要对学术发展进行战略性设计，是可能找到新的学术生长点的。

3.在社会新需要中寻找新的学术生长点

大学的使命在于服务社会，社会发展对大学不断提出新的要求，在适应社会发展需要的过程中，大学也实现了自身的发展。我国社会正处于工业化发展的关键时期，新的产业和职业领域不断涌现，对大学学术发展的新要求层出不穷。在战略规划中，规划人员应当拥有广阔的视野，善于从科技发展、产业变革和社会现代化进程中发现大学学术功能的新领域，使大学发展富有时代感，使大学学术始终充满生机与活力①。

（三）描绘蓝图还是解决问题

战略规划是对未来的设计，包含了教职员工对大学发展的期望和憧憬。它应当能够激发教职员工奋斗的激情，让教职员工看到未来的希望，也就是说，它应当是一幅美好的蓝图。但它又不能只是一幅蓝图。从大学发展看，教职员工需要看到未来发展的方向，教职员工需要鼓劲，需要增强对未来发展的信心，这是战略规划应当产生的效果，但若要让这种效果转化为教职员工的实际行动，不能只是让大家看到一幅美丽的画卷，它还需要有问题针对性，能够解决大学发展的问题。

大学发展要解决的问题很多，各种各样的问题都是需要予以重视的，比如，领导体制问题、管理制度和机制问题、机构设置问题、人才培养方式问题、资源分配问题、人员结构和素质问题、环境氛围问题、对外关系问题、理念精神问题等，都需要在战略规划中予以关注。尽管战略

①王传金，何玉海. 高校教育规划管理的内涵、特征与路径[J]. 教育理论与实践，2016，36（22）.

规划要关注长远，但它毕竟只是一个有限时间段的发展设计，时间有限，资源有限，能够解决的问题也是有限的，不可能解决大学发展面临的所有问题。因此，在编制战略规划时，对于要解决的问题必须进行周详的研究，要区别问题的性质和轻重缓急，根据大学发展的条件和可能，作出谨慎的选择。一般来讲，大学发展面临的问题主要有三类。

第一类是在当前社会条件下暂时还不可能解决的问题。这类问题在我国大学还很多，比如，领导体制问题、课程体系整体改革问题、领导关系问题等，都需要有社会政治体制改革作基础。在政治体制改革未能先行的条件下，大学是无力解决这些问题的。所以，在战略规划中，对这类问题只好暂时搁置起来。

第二类是在大学职责范围能够解决，但受内外各种关系制约暂时还不可能完全解决的问题。任何类型的大学都是遗传和环境的产物。遗传和环境既可能给大学积淀下来宝贵的精神遗产，也会给大学留下各种盘根错节的社会关系。问题的解决可能引发不必要的纠纷和矛盾，但不理不睬又可能使大学发展陷入被动，所以，对这类问题，战略规划应当予以适度关注，在可为之处采取必要的措施，但不能下"猛药"，点到为止，待条件成熟时再进一步全面解决。

第三类是非解决不可且有能力解决的问题。这些问题往往涉及规划周期内大学发展的核心价值，它们的解决具有标志性的效果，对大学发展有着重大意义。因此，在编制战略规划时，要着力研究这些问题，拿出切实可行的、有效的解决措施，务求在规划周期内得到突破。只有这样才能将描绘蓝图与解决问题结合起来，使战略规划真正推动大学整体的发展。

第四章　大学教学管理的组织

第一节　大学教学管理的组织结构

一、教学管理的工作机构

（一）学校行政组织机构及其架构模式

学校的组织可分成两大类：一类是行政组织机构，这是为完成正常的教育教学任务、维持学校的正常运转而设立的；另一类是非行政组织机构，它们是为配合、监督、保证学校的各项活动而设立的。这两类组织互相联系、互相支撑，共同对学校的管理工作产生作用和影响。学校行政组织机构由以下几个部分所组成。

1.校长办公室

校长办公室是校长领导下处理日常校务的办事机构。其日常的工作包括对外联系、接待、文件收发、报表统计、信息反馈等，通常设主任和干事1—2人。

2.教导处

教导处为学校教育教学的组织管理机构，负责领导各教研组、年级组的业务工作，同时兼管学校与教学业务有关的科、室，如实验室、图书馆、文印室等。一般设主任、副主任若干人。

3.政教处

政教处为管理学生思想工作、组织学校各种德育活动的机构。对各年级德育工作的展开负有领导、管理和协调责任。通常设主任、副主任若干名。不是所有学校都设政教处，有些学校没有设立这一机构，学校德育活动由教导处统一协调。

4.总务处

总务处组织和管理学校的后勤工作，包括安排经费的使用、学校的基建、校舍的维修、账目的支出和报销等，同时兼管学校的食堂、宿舍、校办工厂等。一般设主任、副主任和办事员若干人。

5.教研组

教研组为学校的基层教学活动单位之一，负有组织本学科教学、开展教学研究活动、提高教师教学业务能力等责任。通常设组长1人。

6.年级组

年级组为同一年级的班主任和任课教师的集体组织，其任务是了解学生德、智、体等发展情况，协调班主任与各科教师的关系，组织本年级师生开展各项文体活动、社会活动等。

就上述最后两项来说，一般学校都是教研组和年级组并存，但究竟以何者为行政实体，这要视学校情况而定。通常情况下，平行班级较多的学校以年级组为宜，当然也要兼顾教研组的活动；而规模较小、平行班较少的学校，可以以教研组为行政实体，但也要使同年级的教师经常在一起开展一些活动，以便沟通信息，了解学生的思想和学习发展情况。

我国现行的学校行政机构设置，其形式虽有所不同，但大致上是相同的。

需要说明的是，这些是最一般的学校机构设置形式。由于我国地域辽阔，各地的经济水平和办学条件存在差异，加上各学校的情况有所不同，因此学校机构的设立形式不可能千篇一律。这表现在：第一，并非所有学校都设有政教处，没有设政教处的学校，其学生的德育工作由教导处统筹管理；第二，绝大部分的学校不设政教处；第三，有些民办学校有其特殊架构形式，如在校长办公室上层还设有校董会，校董会为学校的最高权利机构，对学校的重大事项进行决策，然后由校长执行；第四，一些学校不设传统的"两处"或"三处"，改设有关的委员会，如思想教育委员会、教学委员会、后勤管理委员会等，学校通过这些委员会直接领导相关的职能部门；第五，随着对教育科研工作越来越重视，越来越多的学校设立了教育科研室，负责统筹和协调全校的教育科研工作，此外也有不少学校成立了学生心理健康咨询室；第六，部分学校为开展师生的国际交流工作，特设了国际交流部；第七，为改善学校办学条件，有些学校成立了校办工厂（或校办农场、商店）。总之，目前我国学校行政机构有一般的形式，也有依学校情况不同而架构的特殊形式。

（二）党委、党支部

学校非行政组织机构包括如下几个。

1.高校党组织

有些学校规模较小，不设党委而设党支部或党总支。党支部除着重抓好学校师生的思想政治工作外，还对学校的教学、人事、财务管理等工作负有监督和保证实施的作用，同时参与学校重大问题的决策。

2.工会、教代会

学校大都设有工会组织和教代会组织，其性质属党政领导下的群众组织。它们是党政联系群众的桥梁，负有下情上达、向学校工作提出批评和建议、推动学校民主管理、依据有关教育法律或劳动法律维护教师的合法权益、组织教师开展休闲活动等责任。

3.共青团、学生会

共青团、学生会都为党领导下的群众组织，共青团由青年教师和符合年龄要求的学生组成，参加者须具备一定条件。学生会由学生构成，一般没有严格的加入要求。这两种组织主要围绕青年教师或青少年学生的特点开展活动，活动内容可涉及思想教育、教学、文体活动、社会活动等。

4.研究性团体

一些学校成立了相关的研究性组织，如教学研究会、专家协会等。对于这些组织，学校行政应给予必要支持，使之对学校的工作起到积极的辅助作用。

二、教学管理的人员构成

教务处是学校教学管理的工作机构。教务工作是由一个人才群体承担的，这个群体的知识、智力、能力、年龄等结构的科学化和合理化，是达到教务工作最佳效能的基础。为提高教务工作的效率和形成教务工作合理的人员结构，我国大学都应根据自己学校的级别、规模和业务繁简而科学合理地安排教务人员，组建教务机构，不必千篇一律、千人一面。

（一）教务工作的人员构成

教导处是我国教学教务工作的职能机构。教务工作的人员构成，按照一般学校的规模，应包括教导主任1人，教导副主任1—2人，还包括一般教务人员以及教导处所属各部门人员等。

教导主任是在校长领导下，具体组织学校教学、教务、思想政治教育工作的行政职能机构的负责人，是校长领导教学工作的主要助手。他的主要职责是：负责学校教学工作，协助校长制定学期或学年教学计划以及学校发展预测及长远规划，并经常检查计划的执行情况；组织领导思想政治教育工作，协调各方面的教育力量，使之相互配合，做好学生的思想政治教育工作（有的学校成立了专门的德育处、政教处等，专管学生的思想教育工作，但这并不削弱教务处的德育功能和作用）；组织领导教研组和班主任的工作，包括学生的学籍、招生、编班、升留级等工作，负责课程表、作息时间表等的编制，负责教师的考绩工作等。教导副主任协助教导主任管理上述工作。

我国高校教导主任和副主任的任职条件是：坚持社会主义办学方向，贯彻国家的教育方针，具有一定的教育、教学实践经验，有教育学、心理学和教育管理学的基本理论知识，教学能力强，懂得高校管理规律，组织管理能力强，身心健康。

一般教务人员主要包括教务秘书和生活秘书。教务秘书在教导主任的领导下，负责师生档案和有关教学的业务管理工作以及教导处的日常管理工作。生活秘书是在教导主任的领导下，负责管理学生日常工作、体育卫生、生产劳动、值周、值日、转退休学、学生考勤、课间纪律等工作[①]。

教导处所属部门人员构成，主要指实验管理员：物理、化学、生物等实验管理员若干人；图书管理员若干人；文印室打字员、文印员若干人。实验管理员负责各科的教学仪器、药品、标本、教具和实验室、仪器室、准备室的管理工作；图书管理员负责图书馆、学生阅览室、教师资料室的管理工作；文印室工作人员负责学校文件、材料、通知以及考试试卷的打印工作。

学校教务处工作人员和所属部门人员必须坚持社会主义办学方向，贯彻执行国家的教育方针；热爱教育事业，热爱本职工作，能够服务育

---

① 朱玉成，周海涛."双一流"背景下高校创新人才培养困境分析：基于组织分析的新制度主义视角[J].研究生教育研究，2018（01）.

人、管理育人；熟悉教务工作的常规，掌握所从事工作的内容、要求、方法和有关的规章制度等。

（二）教务行政工作人员的合理结构

做好高校教务工作，要在人员配备上有一个合理的结构。在我国高校教务工作者队伍中，不仅存在着人才和谐问题，也存在着人才配套、人才素质互补的问题。高校整个教务工作是由各阶段各部分的教师集体来完成的，因此教务工作者群体结构的合理性，对激励教师积极性和提高教育教学质量的重要作用，已越来越被人们所认识。

1.数量结构合理

教务工作者的数量应根据学校规模（特别是在校学生数），按一定比例确定，合理的人数使每个教务工作者都充当一定的角色，有一定的压力和责任感，从而发挥个体积极性。在合理的教务工作者群体中，成员之间应该相互容纳、相互信任、相互支持，有极大的内聚力，能协同工作。他们之间的知识结构、思维方式、兴趣爱好、教育机制等各方面都应取得和谐，扬长避短，互为补充。

2.专业结构合理

学校教务工作涉及面广，与各科教学有着广泛的联系。因此，多种专业知识结构的教务机构，需要由不同专业的工作人员来组成。在学校教务人员中，既要有从事自然科学的，又要有从事社会科学、管理科学的。在教务工作者群体中，从每个人的角度来看，只精通一门专业，而从整体来看却变成了多种专业，从而形成了相互调剂、互相补充的博学多识的最佳专业结构群体。在教务工作中，各专业结构的比例，要依照各级各类学校以及每个学校教务工作的具体需要来确定，不可强行划一。

3.年龄结构合理

年龄结构合理指的是，在教务工作人员中，应该有一个合理的老、中、青结构比例。一般来说，年长的同志经验多、阅历深、办事稳重老练，但在迅速掌握新知识、勇于创新等方面有一定的局限性。青年同志精力充沛、吸收新知识快、勇于创新，但阅历和经验明显不足。而处于管理最佳年龄阶段的中年同志年富力强，应成为工作的骨干力量。考查、选拔教务人员时，不仅要看年龄，还要看身体的实际状况。教务工作人员要有一个合理的年龄结构，要注意人员的配备。一般来说，在年龄结构优化的教务工作人员群体中，中年工作人员应该占多数，年龄密度要拉开，保证教务工作人员群体的新陈代谢和教务工作的继往开来与承前启后。

第二节　大学教学管理的组织模式

一、大学管理组织结构模式的发展历程

中华人民共和国成立以来，我国的政治、经济全面发展。社会的进步和人们知识层次的提高要求高等教育提供更加高效、优质的服务，如何在社会主义制度下，建立具有中国特色的高等教育成为人们关注的焦点。作为现代大学制度的核心组成部分，我国大学内部管理结构进行了多次改革，这些改革的重点主要是对大学顶层权利的调整，即对大学领导体制的改革。

（一）校长负责制时期

在1950年举行的中国首次高教会议上，颁布的《高等学校暂行规程》中确定了"大学及专门学校采取校（院）长负责制"。校长由国家教育主管部门直接任命，统一领导大学的一切事务。校长是大学的最高决策者，接受上级教育部门领导，直接对上级负责，同时成立校务委员

会辅助校长工作。从此，我国大学开始实行"校长负责制"。校长作为大学的最高权利责任人，指挥学校的一切工作。当时党委在大学里仅扮演政治核心的角色，不直接参与行政工作，因此校长与党委之间地位平等，没有领导和被领导的关系。"校长负责制"在新中国成立初期一段时间内对大学的稳定和发展起到了积极作用，但因为党委在学校中没有实权，缺乏对校长在思想上的指导和决策过程中的监督，从而无法确保国家的方针、政策在大学全面而有效地实施。

（二）党委领导下的校务委员会负责制时期

1958年，国务院通过了《关于教育工作的指示》，指示中确立了高等学校实行"党委领导下的校务委员会负责制"。这一体制确定了党委在大学中的绝对领导地位，其目的在于坚持大学的社会主义办学方向。但在实际运行中，由于党委几乎包揽了大学的一切行政学术事务，大大缩减了校务委员会的实际作用，校长的地位被架空，无法充分发挥其应有的作用，工作多头领导的情况时常发生，矫枉过正又严重影响了大学的正常发展。

（三）党委领导下的以校长为首的校务委员会负责制时期

1961年，中央颁布了《教育部直属高等学校暂行工作条例（草案）》（即《高教60条》），条例中再一次调整大学的领导方式，确定今后一段时期在大学内部实行"党委领导下的以校长为首的校务委员会负责制"，其中党委作为大学的最高决策者，全面指挥和监督学校的各项事务；校长是行政带头人，具体执行学校的日常行政事务；校务委员会由学校领导、教育主管部门领导、职能部门负责人、教师代表等组成，负责审议和商讨有关学校发展的重大事项。这一领导体制保证了校长的行政领导地位，也给予了校务委员会一定的权利，而党委则从宏观上对学校进行统一领导。但是这种体制由于在实行中缺少党委和校务委员会的权利制衡机制，造成了党政关系不清、很多工作多头领导等现象的频繁发生。

（四）党委一元化领导体制时期

这期间，我国的高等教育管理体制和大学的各级行政机构陷入了瘫痪。1971年，在《全国教育工作会议纪要》中提出了大学内部实行"党委一元化领导体制"，革命委员会成为大学的指挥部，掌握了对大学的绝对控制权。直到1976年以后，高等教育管理体制才开始重新构建。

（五）党委领导下的校长分工负责制时期

党的十一届三中全会召开以后，国家实行了高等学校的集中领导和分级管理相结合的领导体制，高校工作逐渐步入正轨。1978年，教育部发布了《全国重点高等学校暂行工作条例（试行草案）》，提出了大学要把重心放在教育、科研方面，在大学内部建立安定团结的校园环境。大学的领导体制转变成"党委领导下的校长分工负责制"，同时取消了校务委员会制度。该体制强调了党委的决策权和校长的执行权，明确了学校的重大事务须经由党委讨论决定后，由校长组织和执行。但因为对"分工"二字理解上存在差异，重大问题难以界定，长期以来形成的党政不分问题并没有得到彻底解决。

（六）新的校长负责制的探索时期

1985年，教育部颁布了《中共中央关于教育体制改革的决定》，重新提出了"校长负责制"的要求，大学管理需要党政分离，校长被赋予更高的权利，党委要从行政事务中解脱出来，将更多的工作投入到思想政治教育中来。这一时期高校内部实行的"校长负责制"的确使党政之间分工更明确，适应了当时我国政治体制改革要求，党政权利调整后，校长的决策地位显著提升。然而这种领导体制并没有持续多久即被取代。

（七）党委领导下的校长负责制时期

1989年，中共中央、国务院发布了《关于当前高等学校工作中几个问题的意见》，文件总结了过去的经验，提出在今后较长的时期内，高等学校仍将实行"党委领导下的校长负责制"。这是根据当时国内国际的政治背景提出的符合我国大学实际情况的领导体制。

1998年，《高等教育法》的颁布明确规定了国家举办的高等学校实行"中国共产党高等学校基层委员会领导下的校长负责制"，首次将大学的领导体制以国家法律的形式确定下来，体现了大学法制化的要求。这既保证了校长在行政事务中的首要地位，又明确了党委的政治核心和监督保障作用①。

2014年10月，中共中央办公厅印发了《关于坚持和完善普通高等学校党委领导下的校长负责制的实施意见》，同时下发通知，要求各类高校结合实际情况认真贯彻执行。这种采用集体领导和个人负责相结合的领导体制，将党政关系划分的更清晰，管理更有条理和层次，必须毫不动摇、长期坚持并不断完善。

二、大学管理组织结构模式现状与特点

我国大学内部治理结构可分为横、纵两个层次，横向层次包括四种权利组织，分别是政治组织、行政组织、学术组织和社群组织，这四种权利组织应相互制衡、分工合作，在各自的岗位中发挥作用。作为领导核心的政治组织制定学校的发展战略，保证大学的社会主义办学方向，统筹安排学校的各项事宜，为其他组织顺利开展工作提供政治保障；作为执行机构的行政组织要坚决执行领导机构的决策，协调好高校内外的各种关系，完善高校的管理制度，配合并服务于学术组织，促进学校教学质量不断提高；学术组织和社群组织有权参与高校重大事务的讨论，对涉及自身利益的事务具有决策权。通过参与、监督和反馈，为执行层提供意见，以便及时调整执行方案，尽量避免或减少可能出现的工作失误。

纵向层次上，我国形成了三种具有代表性的组织结构。一是以浙江大学、四川大学、山东大学、华中理工大学等为代表的"校—院—系"

---

①徐梅. 大学行政组织机构变革研究[D]. 武汉：华中科技大学，2015.

三级结构；二是以重庆大学、厦门大学等为代表的"校—院—系—研究室"四级结构；三是以清华大学、吉林大学等为代表的"校—院—教研室"三级结构。这里主要对采用"校—院—系"三级结构的学校进行分析。

（一）纵向层次

1.学校层次

在20世纪90年代的学校组织结构改革中，我国大学学校层次的组织机制由校党委机构、校学术行政机构、民主管理机构三部分组成。三类机构性质不同，地位、职能不同，在大学管理中发挥的作用也不一样。其中，校党委和行政机构发挥着主导作用，学术民主管理机构处于从属地位。

我国大学实行党委领导下的校长负责制，校党委统一领导学校工作。校党委机构的主要职责是宣传和执行党的有关路线、方针、政策，讨论和决定学校改革与发展以及教学、科研等工作中的重大问题，负责有关干部的选拔、教育、培养、考核与监督，领导有关的民主管理机构等。从大学的领导体制和校党委的职责可以看出，校党委对学校实施政治领导；作为学校工作的统一领导机构，还对学校的学术事务实施有力的领导和保障监督。

校学术行政机构是以校长为首的学术行政班子，包括校长、副校长和各有关职能处室等组成的管理体系。我国大学实行校级集权管理，所以，校级行政机构承担着学术管理的职责，校长担负着领导大学常规管理的责任，而且负有领导大学各种重要学术活动，如大学的教学改革、对外交流、组织学术会议、学校师资队伍建设等方面的任务。校长所行使的职权主要是执行性权利，校长所拥有的决策权十分有限。从领导关系看，校长在校内接受党委领导，执行党委的决议；在校外接受政府及其主管部门的集体领导，执行政府及其主管部门的有关规章和指示。

大学民主管理机构主要有学校教职工代表大会、学术委员会、教师职务（称）评审委员会、学位评定委员会等。这些机构的共同特点就是在党委或行政机构领导下行使民主参与权利、管理学校事务。

2.学院层次

我国大学学院是按不同学科、专业性质分别设置的学术和行政组织机构。学院不仅集中了一个或几个学科或专业的教师，而且拥有固定班级的学生。与本学科、本专业相关的教学、科研和直接为社会服务的活动主要在学院进行，由学院教师承担。各学院之间的横向联系不多，主要表现为相互开设选修课程和少量的科研合作。所以，大学是由一个个不同的学院联合起来的统一体。

学院（系）是我国大学内部管理体制的中间层次，其组织机制同样也由三部分组成，包括院党组织、院行政机构和院民主管理机构。党总支是大学的基层政治核心，全面负责学院的政治工作，也具有学术管理监督和决策的重要职能。学院行政机构由学院院长、副院长及有关办公室等组成。院长直接领导和组织学院的教学、科研及其他方面的行政工作。由于院党组织在学术管理上并不直接行使指挥权，所以，院长是学院学术管理的关键人物。在民主管理方面，同学校层次一样，设立相应的教职工民主参与管理机构。

3.系层次

系是按专业或课程设置的教学组织，相同专业或讲授相同或相近课程的教师集中于同一系中。但是，在包括我国高水平研究型大学在内的几乎所有的高校中，系实际上成为"样样要管"的基层组织机构，而有一个很大的问题是系并不拥有相应的决策权利。

（二）横向层次

1.党委领导下的政治权利组织

根据《高等教育法》的相关规定，高校党委把握大学的办学方向，面向广大师生开展思想政治教育。我国普通高校一般设有党委、党群部门、党总支、基层党支部等，各级党组织各司其职、相互协作，发挥不同层次的作用。校级党委通常设有党委办公室、纪委办公室、监察审计部、组织部、宣传部、统战部、党校、学生工作部、老干部工作部、武装部等办事机构，并配备相应的工作人员。党委全面领导学校工作，发挥政治核心和监督保证作用。

2.校长指挥下的行政权利组织

现在，我国多数高校实行的是二级（校、院、系）行政管理体制。这种类似正三角形的管理结构权利集中于上层，校级管理层权利明显，是大学行政管理的核心层。学校通常分设一些管理部门辅助校长开展各项工作。院系级行政层是学校管理的基础，在校级部门的领导下落实完成学校安排的各项任务。

校级管理层是大学行政管理的心脏，校长作为大学的行政指挥官和法人代表，全盘主持学校的各项行政事务。校级设有若干职能部处，包括校长办公室、学科建设办公室、科学技术研究院、人事处、人才中心、学生处、财务处、外事办公室、审计处、监察处、基建处、能源管理中心、产业管理办公室、信息化办公室、后勤工作处等。这些行政部门的职能是负责管理学校日常的行政事务和重要学术事务，以保证教学、科研、社会服务等目标的顺利实施。

学院是大学教育教学、科研服务的具体实施单位。随着大学规模不断扩大，大学内部学院数量逐年增多，地位逐渐凸显。很多学院下设若干个系、所、中心、实验室，构建自身独立的办学体系。其中，系是大学开展教学科研的最基本单位。院系的行政权是校长职权的层级性下放，承担着校长某方面的权利责任。

3.学术委员会指导下的学术权利组织

我国高校的学术权利主要体现形式是以教授为主体的学术委员会。《高等教育法》将大学的学术委员会定义为学术审议机构，主要职责是评定和审议相关学术事务。具体到各高校，对学术委员会的职责有着更加细致的划分，通常包括审议学校规划、学科设置标准、基层学术组织建设，处理学术争议，监察重要学术项目的开展和落实等。学术委员会是由学术造诣精深且具有一定权威的教授、学者和专家代表组成的学术评议与审核机构，具体形式包括教学指导委员会、学校聘任委员会、学科研究委员会等。高校均根据各自实际情况建立具有本校特色的学术组织，如中国人民大学设有人才培养委员会；东南大学设有学科发展委员会、职称评审委员会、学部委员会；武汉理工大学设有高级专业技术职务评审委员会；青岛大学设有编制委员会，直接参与教师的选聘和培养；山东建筑大学设有专门的学科建设委员会、教学监督委员会、继续教育委员会；等等。

4.教职员工、学生参与下的社群组织

大学的教职员工和学生群体，是学校发展的中坚力量。教职工代表大会和学生代表大会是师生在高校内参与民主管理和维护自身权益的基层组织。其中，教职工代表大会是在法律保障下维护教师合法权益的权利组织，其在学校党委领导下，依法参与学校公共事务的管理，表达教职工群体诉求，参与涉及教职工利益事务的决策。

大学生是大学受教育主体和服务对象，其地位毋庸置疑，大学生参与学校管理是非常必要的。目前大学生参与大学管理主要是通过学生会、研究生会、学生自律委员会、学生服务委员会、学生社团等渠道。其中，学生会包括校级学生会、学院学生会、系学生会等不同层次。学生参与民主管理，可以使学生与学校沟通更加顺畅，让校方第一时间了解学生诉求，听取他们提出的合理建议以便及时调整管理方案。学生参与大学管理既维护了学生自身的权益，又能提高其民主意识和自主管理的能力，从而有益于形成民主、开放的校园文化氛围。

综合以上分析可以发现，我国大学组织结构具有两大特征：一是校级集权，中下层缺少自主权。学校层次党政组织体系发达、职责广泛、职能强盛。校党委对大学实行统一领导，校学术行政体系实行集中管理。中下层次的主要职能是执行党政机构的决策，沟通学校层次与教师之间的联系。二是学术民主管理组织开始在学术管理中发挥一定的影响和有限度的作用。广大教职工，尤其是教师代表通过各种委员会，在校党委的领导下，对有关学术事务进行讨论、评议、建议的权利在一定程度上得到了组织保证。但同时也应该看到，我国大学学术民主管理组织还十分薄弱，机构不健全、缺乏整体系统设计、活动程序和作用机制不完善、行政干预过大等问题十分突出，影响了学术民主管理作用的发挥。

第三节　大学教学管理组织的专业化

一、大学管理组织专业化的内涵与特征

（一）专业化的内涵与特征

现代汉语词典对"职业"和"专业"作了如下定义，"职业"（occupation）是指个人在社会中所从事的作为主要生活来源的工作。"专业"（profession）一是指产业部门中根据产品生产的不同过程而分成的各业务部门；二是指一个系或中、高等专业学校里，根据科学分工或生产部门分工把学业分成的门类。

职业和专业是有区别的。职业是人赖以生存的社会分工，是谋生的工作；专业是指经过专门训练和教育，具有较高深和独特的专门知识和技术的专门职业。专业是比职业层次高的专门职业，专业更强调从业人

员的社会责任感和社会服务精神，而职业只是作为一种谋生手段。某种职业要成为专业必须符合专业的标准，国外关于专业的六条标准定义为：长期的专业训练；明确的知识体系；系统的伦理规范；专业上的自主性，即自主权；服务重于报酬专业资格。从一般性职业到专业性职业需要经过一个长期的发展过程，不同职业的专业发展水平是有差异的。根据专业发展程度不同，社会职业一般可分为三类：专业性职业，如医生、律师、会计师等；半（准）专业性职业，如护士、图书管理员等；非专业性职业，如售货员、操作机器的工人等。

1.专业化的内涵

专业化是一个社会学概念，是指一个职业经过一段时间后不断成熟，逐渐符合专业标准，成为专门职业并获得相应的专业地位的动态过程。随着社会的发展，越来越多的职业会进入专业领域，专业化已经成为社会职业发展的重要趋势，专业化程度的高低也成为衡量某个职业成熟性的重要指标。从社会学的理论意义上讲，主要是指一个职业群体在一定时期内，逐渐符合专业标准、成为专门职业并获得相应的专业地位的过程。专业是职业发展的高级阶段，是指需要专门知识和技能的职业，因此，专业也可以理解为"专业性职业"。

以校长这一职位为例，可以对校长的专业化进行如下阐述。从职业群体的角度看，校长专业化是指校长职业由准专业阶段向专业阶段不断发展的过程，即在整个职业层面上逐渐达到专业标准的过程。具体而言，校长专业化就是向下述目标前进的过程：第一，有完备的校长专业教育体系培训体系；第二，有完善的知识体系作为校长从业的依据；第三，建立起系统的伦理规范以约束校长的管理行为；第四，有明确的校长从业标准；第五，要求进入校长行业有严格的资格限制；第六，校长具有专业上的自主性；第七，校长拥有较高的社会声誉和经济地位；第八，已经建立起校长自己的专业组织并且发展成熟。

2.专业化的特征

美国社会学家哥林伍德曾提出专业的五个主要特征，即专业的知识体系、专业的判断标准、专业的道德及信条、获得社区的认可，以及专业的文化。从我国高校管理人员的职业现状看，与国际公认的专业化标准还有一定的差距，应该说还处于准专业阶段。

专业化相对于专业来讲是一个比较笼统的概念，其涵盖面比较广，根据学者们的理论观点，抽取专业化的精髓，笔者认为专业化主要具有以下几个基本特征：执着的专业精神、高度的专业自主意识、扎实的专业知识、较高的专业创新能力、独立的专业自主权利等。这几个方面在专业化发展中缺一不可且相互制约、相互促进。其中专业精神是专业化发展的基点，成为专业化发展的内在驱动力，专业知识是专业化发展的理论基石，没有扎实的专业知识，就失去了专业化发展的可能，专业创新能力是专业化的表现，专业化程度的高低最终要通过专业能力来表现的。在这几个要素之中，专业精神决定了专业化发展的方向，专业知识奠定了专业化发展的理论基础，专业创新能力决定了专业化发展的高度。

（二）高校管理人员专业化的内涵与要求

1.高校管理人员专业化的内涵

高校管理人员专业化，就是指高等学校管理人员凭借高校管理实践这一载体，通过完备的制度规范和培训机制，以专业精神为基点，逐渐习得高校管理知识，不断提高高校管理能力的专业成长过程[①]。

高校是一个具有复杂组织构架的学术机构，在进行学术生产活动的同时，也进行人才生产，管理对象因此也相对复杂。高校的管理对象既有学术生产活动，也有人才培养活动，即有教师、学生，还有管理者自身。管理对象的复杂性要求管理队伍具有专业的管理知识、管理能力与

---

①何淑通.高校管理人员专业发展研究[D].南京：南京师范大学，2017.

管理方法。对于教师及管理者自身的管理要求管理者有丰富的人力资源管理知识，科学管理经验及领导、组织、沟通等管理能力，熟悉国家人力资源管理的政策及法律法规；对于学生的管理要求管理者具有专业的青年心理学知识、思想教育知识，良好的沟通能力。对高校本身的管理，要求管理者拥有深厚的组织管理理论，科学的高等教育管理知识，对高校的发展规律、国际高等教育发展状况等有深入研究学习的能力等。因此，高校管理人员专业化主要指专业管理素养高、精干、高效、相对稳定的专业化的高校管理队伍。

专业化是职业发展的结果，总结各种职业专业化的历程可以发现，高校管理人员专业化应具有专业性、职业化和稳定性的特点。专业性是专业化管理队伍的本质特征，职业化是高校管理队伍专业化的外在表现，稳定性是高校管理队伍专业化的一个重要标志。

2.高校管理人员专业化的要求

高校管理的专业化，即要使高校管理成为一种专门的职业。要使高校管理成为一种专门职业，其基础是高校管理人员要专业化，高校管理人员专业化主要指形成专业管理素养高、效率高、相对稳定的职业化的高校管理队伍。具体说来，管理人员在整个管理专业的生涯中，依托高校管理，通过培训完善高校管理的专业知识技能，实施专业自主，表现专业道德，逐步提高自身的管理素质，成为一个良好的高校管理的专业工作者的专业成长过程。高校管理人员专业化的要求如下。

第一，具有强烈的专业精神和内在的责任感。高校管理者从根本上是面向广大教师、学生，进行教育资源的重新整合与分配。强烈的专业精神与内在的责任感，让专业化的管理者队伍有为学生服务，为教师服务，为教育教学、科研工作服务的强烈意识，注重自身职业素养的提高，并以此作为自己专业行为的理念支撑。

笔者认为，高校管理人员的专业精神是指高校管理者对所从事的管理职业所持有的理想、信念、态度、人生观、价值观和道德操守等倾向性系统，是指导管理者从事专业工作的精神动力。专业精神是专业化发展的内驱力，在高教管理实践中，人们已经充分认识到决定管理行为的不单纯是管理人员的专业素质、专业能力，管理人员的专业精神也是影响管理行为的重要指标。

专业精神是专业化发展的内在动力，是专业化发展的基点，它以直接的、间接的方式影响着管理人员在管理工作中应当做什么、怎么去做、做到什么程度。

高校管理人员要尽职尽责，具有甘于服务、乐于奉献的工作态度和工作作风。高校管理工作特别是基层管理工作，是很烦琐的工作。管理工作的重要性决定了管理人员要充分认识到管理工作的重要性，要认真对待每项工作。在短时期内，许多管理者都能认真负责地对待本职工作，但是年复一年，许多管理人员便厌倦了本职工作，推诿扯皮的事情常有发生。因此，如果没有对工作负责态度的专业精神就不能踏实认真地做好本职工作。

第二，具备以管理学知识为核心的复合型知识结构。高校管理工作不是人人都会、没有任何专业基础就可以完成的简单职业，它要求管理人员掌握丰富的理论知识。高校管理人员的知识结构、专业基础是遴选、培养、考核、激励高校管理人员的重要依据之一，专业知识直接影响着高校管理人员的专业身份定位，不同专业所要求的专业知识也是不同的。

专业化的高校管理人员应该具备什么样的知识，何种知识体系才能够成为从事高校管理工作、胜任高校管理工作的专业人才。学者们在关于这方面的探讨中基本达成一致，都认为管理人员应该具备坚实的马列主义理论知识，掌握基本的高等教育学基础知识，如高等教育学、大学心理学、教育经济学、教育统计学、组织行为学、系统论、控制论和信息论等现代管理科学知识，同时也要了解国家法律及教育行政法规、政策与规划等方面的知识。

二、大学管理人员组织建设存在的问题

目前我国高校管理人员专业化现状堪忧，已经成为阻碍高校发展的因素，主要表现在以下几个方面。

（一）管理人员结构不合理

1.管理人员学历结构不合理

师资队伍和管理人员队伍的组织与管理犹如车之轮、鸟之翼，是影响高校办学质量的关键因素。高校有机体中的这两个主要群体如同人的双腿，必须同步发展，步调一致才能阔步向前；同样，有什么样的师资队伍就应该要有什么样的管理人员队伍来匹配。

然而，事实却并非如此。现以某省属国家"211工程"重点大学的师资队伍与管理人员队伍的学历结构对比为例，该大学具有硕士以上学位的师资比例较高，而具有硕士以上学位的管理人员比例却低得多。管理人员队伍学历明显低于师资队伍学历水平。"211工程"重点大学是地方高校中的排头兵，排在我国高等教育系统中的前列，此类学校尚且如此，更何况是其他高校呢？

2.管理人员专业结构不合理

高校管理是一门实实在在的科学，实施一流的管理，就要拥有一流的管理人才；一流的管理人才，首先要具备丰富的专业知识。拥有丰富的专业知识是管理人员实现专业化的先决条件，只有当管理人员具备了大量丰富的专业知识时，专业化的管理才有了可能。而纵观目前高校管理人员中拥有教育学或管理学学历（学位）的比例较低。

3.管理人员来源不合理

笔者通过调查分析得知，高校管理人员的主要来源大致可以分为以下四个部分：一是通过正常途径毕业留校或招聘；二是引进人才家属成

员；三是不适应教学与科研的人员转到管理岗位；四是接受政府部门的指令性安置。学校在对管理人员招聘时，没有完全按照"因岗招人"这个制度来执行，有时因为领导、主管部门和引进人才家属的安置等原因，甚至还存在着"因人设岗"的情况，所以学校没有严把"入口"关是造成管理队伍结构不合理的源头。

（二）管理岗位缺乏职能定位与区分

目前，教职工人数在千人以上的高校数不胜数，许多高校党政管理部门及附属机构林立，门类繁多，除了党群部门外，还有学生、教务、人事、设备、后勤、基建等若干行政部门，多的甚至达到三四十个，直接导致了人员增加、机构臃肿，管理机构重叠、交叉的现象时有发生；同时，划分过细的机构导致工作职能重复，人员分工不明确、职责不清，遇事相互扯皮推托，人浮于事，工作效率低下，极大地浪费了人力财力。这些都说明，如果管理岗位缺乏明确的岗位职责或者职能定位，不仅会出现"干多干少一样，干好干坏一样"和"干得越多，错得越多"的现象，而且会使科学定岗定编、全员聘任制改革的推进面临诸多困难。

（三）管理队伍不稳定

根据调查获知，如果有合适的机会，很多管理人员都希望或者愿意换岗，这说明管理队伍相对不稳定，而造成管理队伍发展不稳定的因素有很多，笔者分析如下。

1.发展空间不足

高校为建立一支高质量高水平的师资队伍，每隔3—5年，面临新的形势变化时都会有针对性地调整本校师资队伍建设目标和吸引、培养、稳定教师的相关政策。比如为了优化师资结构，鼓励和支持教师进修提高，出台包括在职攻读更高学位、出国留学、到知名大学合作科研、作访问学者等鼓励性政策。但在高校一系列人才培养政策文件中，基本看不到符合学校办学发展目标和管理人员成长规律的管理队伍建设规划，缺乏对管理队伍行之有效的培养、稳定、激励性政策。长期下来，管理者得不到从事高校管理工作的事业发展满足感，同时感到自身技能不能满足高校管理发展需要，又缺乏学习培训的时间和机会，难以应对发展变化着的新情况，使他们对今后自身的发展充满了疑虑和担心，加深了他们对未来的迷茫和不确定性，因此一有好的机会，管理人员就会脱离这支队伍，寻求新的发展。

2.经济收入上的差距

与校内教学科研人员相比，大多数高校的岗位津贴分配目标均明确向教学科研第一线倾斜，教师还能按照其承担教学、科研工作量的多少进行按劳取酬，而管理人员的岗位津贴标准往往是按职务层级确定的一个固定标准，奖勤罚懒的激励作用较弱。管理人员在待遇上的较高差距，以及管理人员"干好干坏一个样"的实际情况使得管理人员特别是管理骨干的辛勤劳动难以得到认同，经济上的拮据，导致许多管理人员难以安心工作，想方设法通过进修或业余自我培训，达到跳槽或转为教学科研人员的目的。

（四）管理人员管理创新能力不足

创新是一个民族进步的灵魂，是高校不断发展的源泉，对于高校管理而言，管理创新成为高校发展的不竭动力。对于高水平大学如何通过制度创新提高理论创新、科技创新和文化创新能力，为建设创新型国家提供人才和智力支撑，成为高水平大学的办学者、教育者、管理者需要深思、探索和实践的重要课题。但是，高校管理人员目前专业创新能力极其有限，主要表现在思维固化，凭经验办事。

近几年，各高校的事业发展速度较快，工作节奏较之以往加快不少，然而，一些管理人员尚做好充分的思想准备，依然用陈旧的观念来看待现有的事物，主要表现为缺少一线调研，缺乏主动精神和主人翁意识，分析问题和解决问题的能力显得不足，无法满足学校事业发展的实际需求。

（五）缺乏充分的管理专业自主权

管理人员的自主权是管理人员在其职责范围内有独立自主处理管理事务而不受他人干扰的权利。没有专业自主权，管理人员就失去了自主决断、自行处理工作事务的权利，而不得不受制于其他许多因素。而在我国高校管理中，管理人员恰恰缺少这种独立自主处理管理事务的权利。

管理人员没有独立处理问题的权利，或者说管理人员专业自主权极其有限，特别是对于中层和基层的管理人员来说，缺乏专业自主权更为严重。在实际工作中，他们只能大事小事找领导，只要领导一天不批准，许多工作就都无法实施；要想对工作进行加工完善需要一系列的审批程序，有许多建设性的想法和做法在层层审批的过程中就被遗弃，这对管理人员创新能力的培养是十分不利的。专业自主性是专业化的重要标志之一，管理人员只有真正实现了专业自主，才能各尽其才，最大程度地调动其工作积极性。管理人员的专业自主权得不到保障，专业化水平提升就会受到阻碍。

三、大学管理组织专业化的策略

（一）设立培养高校管理人员的专门学校或在高校增设相关专业

我国目前提供教育管理学位的主要有高校的教育管理硕士点、博士点以及教育硕士等形式，相对于整个研究生教育的现状，高等教育学专业的研究生数量显得很少。

对于一个成熟的职业来说，其从业人员的来源渠道是应该有保证的，高校管理人才也是同样的，如果要想让从业人员上岗后立即进入状态，拥有所需的各类知识，就必须有提供高校管理人才的渠道，比如高校的教育学专业毕业生等。尽管目前我国已经有了培养高等教育管理人才的相关专业，每年也有一定数量的毕业生，但与所需的人才数量相比远远不够。所以，建议高校增设相关专业，甚至可以像设立医科大学或医学院一样设立高等教育管理学院，专门培养高等教育管理人才。

（二）实行职业资格准入制度，严把招聘关口

资格证书制度起源于工业革命以后，是各个行会推行的行业技术资格证书和技术职称制度。资格证书就是有法律效力的证明文件，与身份证、工作证、毕业证等一样能有效地证明一个人某方面的特征。从社会学的角度来看，社会活动中的每个个体都具有确定的身份。社会通过资格管理使个人在职业活动中奉公守法并遵循职业规范，这样才能保证社会经济技术活动的管理井井有条，社会的发展才能稳定、高速。

职业资格证书制度是在职业化过程中出现的，它要求从业人员经过严格系统的教育和培训，获得能胜任工作的特殊知识和技能，获取职业资格证书，进而获得从业资格。职业资格证书制度现在已经成为很多国家对各行各业从业人员规定的职业准入制度。

实行高校管理人员职业资格证书制度是推行全员聘用制的前提。科学设岗、面向社会公开招聘是推行全员聘用制的关键。管理岗位是高校专业化管理者的工作平台，这个平台搭建得是否合理、科学，将直接关系到高校管理队伍专业化建设的成效。科学设岗是推行全员聘用制的关键，是推进高校管理队伍专业化建设的重要步骤。

高校管理人员资格证书应该成为聘任或应聘高校管理人员必不可少的合法依据。什么人可以当高校管理人员，可以在哪一级岗位工作，在管理人员资格证书中都应该有明确的规定。高校管理人员持有哪一类、哪一级证书，需要什么样的训练，需要什么程度的学历，必修哪些课程，各类课程需要多少学分，也应该有明确的规定。目前对于教师资格证书的研究比较多，结合这些研究，根据高校管理人员现状，在此主要探讨实行高校管理人员职业资格证书的几点具体想法和建议。

第一，必须尽快建立高校管理人员职业资格认证制度和认证机构。

建立高校管理人员职业资格认证制度和认证机构，成立全国高校管理人员教育资格与审查委员会，并对参与高校管理人员教育和培训的高校及机构的师资、设施、课程等方面进行评估。对于那些评估合格的高校和机构，还要进行监督、考核，以保证质量。此外，全国高校管理人员教育资格与审查委员会还负责统一为考核合格的高校管理人员颁发资格证书，以规范高校管理人员市场。

第二，明确高校管理人员职业资格证书的等级和类型。

高校管理工作的层次不同，管理人员的等级和类型也应该有所不同。高校既有初级管理人员，也有中级管理人员和高级管理人员；既有分管人事的，也有分管学生工作的，还有分管就业的。等等。针对不同层次、不同类型，管理人员所需要的知识结构也是不同的，因此职业资格证书要分等级和类型。高校管理人员职业资格证书大致可分为三个等级，即初级管理人员证书、中级管理人员证书和高级管理人员证书。

还需要强调的是，这些证书也不是终身的，持证人必须每隔几年就要再次参加高校管理方面的培训，更换职业资格证书，这同时也是为高校管理人员获得更高一级管理职位进行激励和鞭策。

（三）做好高校管理人员的培训工作，创建学习型管理队伍

加强高校人力资源的培训与开发工作，对于推进我国高校管理人员的专业化建设具有极其重要的意义，也是推进高校管理人员专业化建设的一系列工作中非常重要的一项。因此必须引起足够的重视，必须当作一项长远的工作来抓，构建高校管理人员培训体系。这主要涉及两个方面：一是培训哪些内容，即高校管理人员合理的知识结构应该是怎样的；二是应该如何开展培训工作。下面分别进行探讨。

1.培训内容

一个专业之所以被称为"专业"，就在于它区别于普通职业的非同寻常的深奥知识和复杂技能，换句话说，每一个专业都有自己学科的知识体系。高校管理要成为专业，就要有明确的知识基础，而且这些知识要对高校管理具有实际的指导意义。因此，针对高校管理人员的培训内容，也就是高校管理人员专业化所需要的知识，应该能为高校管理队伍的专业活动提供有效指导的知识。

一方面管理人员掌握的专业知识有限，不能满足高校管理工作的需要；另一方面书本上学来的教育管理知识，在具体的管理实践过程中，指导意义也是难如人意。在这种情况下，高校针对管理人员的培训就要对现有知识结构进行改造，重新建构高校管理人员合理、实用的知识结构。

依据以上分析，高校管理人员的培训内容必须囊括"关于'高校管理'专业"的知识和"为'高校管理'专业"的知识。当然，仅仅有书面上的理论知识还不够，因为理论和工作实际毕竟还有一段距离，还必须强调理论知识和实践知识的统一，只有让理论知识对具体管理工作有实践指导意义，这样的知识结构才是完整的。结合高等教育发达国家对于高校管理人员的培训方案，在培训的内容中还应该涉及具体管理工作的案例分析，高等教育发达国家和地区的经验表明这种学习更加直接而且有效，对工作具有实际指导意义。

2.培训模式

在我们国家，高校高层管理人员培训主要由政府组织，教育部直属的国家教育行政学院作为专门机构承担此类培训任务。国家教育行政学院举办的高校领导干部研修班、教育部直属高校中青年校级干部专题研修班和高校中青年干部培训班等培训项目，是我国主要的大学校长和高层管理人员培训项目。但是在专业团体方面比较缺乏，高等学校提供的大多也是学历教育，对于大多数高校在职管理人员培训的任务则落在学校自己身上。但是目前对于管理人员的培训在我国高校还不够重视，在培训内容和培训模式方面还有待改进。

对于高校管理人员的培训来说，培训方式应该是灵活多样的，可以参加短期的硕士课程、博士课程的学习和培训，也可以脱离岗位半年甚至是一年时间参加其他高等学校的以获取高等教育管理证书或文凭为目的的培训。对于大多数的管理人员来说，为了方便工作，应该是以短期培训为主。

从培训内容方面，既要培训相关理论知识，又要针对具体对象和特定问题进行培训，比如有对财务管理、信息化管理、学生事务管理等方面的专门培训；培训模式也应该多样化，增强理论与实践相结合，既开拓受训者的知识视野，又突出培养他们解决实际问题的能力，注重理论知识和实践技能的共同提高，以达到更好的培训效果。

（四）改革现有职务分级、薪酬分配制度

薪酬分配制度是涉及人们根本利益的重要问题，它是个体工作的原动力，是个人生存与发展的物质基础，也是高校管理人员自我价值和社会地位的一种体现。一个组织的薪酬分配制度体现着它的管理思路，合理薪酬分配制度成为满足员工需求、吸引人才、留住人才和组织构建核心价值体系、实现组织与员工共同发展的有效工具。根据行为科学的理论，人的行为是由某种特定动机决定的，而动机又是由特定需要引起的，"行为—动机—需要"之间存在着客观的、必然的内在联系。在市场经济的利益机制、激励机制的作用下，高校管理人员的经济收入、社会地位、工作环境是吸引优秀人才投身教育事业的重要因素。

为了提高高校管理人员的工作积极性必须对现有的薪酬分配制度进行改革，建立新的适合高校管理岗位的薪酬体系，缩小高校管理人员与高校教学科研人员的工资差距。

（五）逐步完善管理人员考核、激励机制

1.考核和评估制度是促进大学管理人员专业发展的重要制度

考核具有激励功能，通过考核可以激励先进、鞭策后进，形成大学

管理人员的竞争氛围和竞争意识，有利于提升管理人员的各项素质，包括专业素质，从而提高大学管理、服务工作的效率和质量。考核是以管理人员的工作目标和工作职责为依据，对其工作绩效进行评定。考核和监督有助于管理人员明确自己的优点和不足，及时调整自己的专业理念及专业行为，明确专业发展目标，不断提升自己的专业水准，促进自身专业发展，最终为学校发展服务。

我国高校管理人员专业化中存在很多的问题，很重要的原因就是我国高等学校对管理人员的考核、激励体制不健全。考核是激励的基础，合理的考核体系是使激励充分发挥作用的基础。要制定明确的考核标准，建立科学的考核指标体系。根据高校管理岗位的特点及职位要求，制定不同的考核指标体系，明确各管理人员的责、权、利。明确各个岗位职责，细化分类标准，考核有所侧重，改变用同一种考核标准来考核不同类型、不同层次管理人员的方法，实现考核工作的专业化。成立一个更多人参与的考核评议委员会，吸收更多有关专家、主管负责人员参加，真正做到上级主管考核与群众考核相结合、自我考核和别人考核相结合。

我国目前高校管理人员考核中所存在的问题就是没有严格的考核程序。考核只是走过场，形式主义严重。为此，应该扩大考核评议范围，规范考核程序，将群众评议和领导评议相结合，加大群众评议的力度，细化考核等次，合理拉开档次。将考核结果和激励措施相结合，真正形成考核晋升的良性循环。一方面，对于通过考核选拔出来的优秀管理者，要将其考核实绩和职位、工资待遇相结合，强化竞争和激励。另一方面，对于考核不合格者，也要同时坚决给予处分。增加考核的透明度，建立考核公示制度，在考核工作结束后，在不侵犯其隐私的情况下，要将考核结果公之于众，避免考核工作的暗箱操作。

2.完善高校管理人员职级与职务制度

我国高校主要有三类人员：一是教学科研人员，二是管理人员，三是工勤人员。这三类人员中教师实行的是专业技术职务评聘制，工人实行的是技术等级考试制，唯独管理人员没有全国统一的独立的职务等级序列，很多时候都是学校根据自身情况来划分，而且经常是几年就更换一次评聘标准。很多时候管理人员虽然身处管理岗位，却只能评聘教师系列的专业技术职务，引发了教师队伍与管理队伍的矛盾。职级是岗位职责与本人能力、素质挂钩的标志，它是由具备职级资格的人员应聘上岗而随之取得的，一般为逐级晋升。而职务则是由组织任命产生，主要体现职责，是责、权、利的统一，一般不受年龄因素的影响。

《高等学校职员制度暂行规定》中提出将高等学校职员职级分为三个职等十个职级。其中一、二、三、四、五级为高级职员，六、七、八级为中级职员，九、十级为初级职员。这种划分是比较合理的，高校只需要在具体的管理工作中以这种划分方式为指导，同时结合学校特点略加调整。前面提到高校管理人员必须拥有高校管理人员职业资格证书，结合职级，初级职员必须有初级管理人员证书，中级职员必须拥有中级管理人员证书，高级职员必须拥有高级管理人员证书，这是管理人员上岗的前提条件。从理论上讲，一个职级很高的管理人员可能不担任任何领导职务，相反，职务较高的领导也可能其职级较低。因此，高校在管理人员职级与职务制度设置的过程中可以采用职级与职务脱钩的原则，改变过去两者混合在一起的做法。

对于职级，高校可以按照《高等学校职员制度暂行规定》的标准，采取横向晋升原则，即随着任职资历的增长，只要符合规定条件，年度考核合格，就可以横向进档，顺利向上晋级，当然涉及初级职员晋级为中级职员，中级职员晋级为高级职员时还必须通过考核拿到更高级的管理人员证书。但是职级的晋升并不代表职务也同时晋升，职级晋升更多地考虑年龄因素，而职务晋升则更多地考虑业绩因素。这样，对于高校管理人员而言高校就设置出了职级晋升和职务晋升这两条途径的晋升阶梯，这对于解决一些非领导序列人员的问题是十分可行和有效的。同时，职员岗位也要有竞争性，要充分考虑职员的工作业绩，在制度设计上作了纵向晋升即级别晋升的安排。事实证明，让员工在一个有变化的环境中工作，有奋斗的目标和实际进步的迹象，员工在工作岗位上的积极性也会更高，也会工作得更有效率。

第五章　大学教学管理的实践

第一节　大学学生管理

一、高校学生管理面临的问题

高校作为培养人才的重要阵地，其培养的目标是具有创新精神和实践能力的高级人才，科学、规范的学生管理工作是实现这一目标的重要保证。学生管理工作是高校教育教学工作的重要组成部分，它对于全面贯彻党的教育方针，培养国家经济建设所需的"四有"大学生具有重要意义。当今，世界多极化、经济全球化、文化多元化的趋势日益增强，世界经济的竞争与合作、政治的分化与重组、文明的冲突与融合都在不断发生变化，正确的与错误的、进步的与落后的各种思想、文化、观念、信息相互交织、相互影响、相互激荡。在这样复杂多变的世界大环境中，我国的改革开放也在不断深入，市场经济迅猛发展，促使全社会范围内的经济成分、利益主体、社会组织、生活方式和就业形势等方面日趋多样化，这些新形势、新情况、新问题从不同的层面、不同的角度，并以不同的形式渗透到高校。随着我国高等教育事业的不断发展，高等教育体制改革日益推进，高校学生管理工作者要以毛泽东思想、邓小平理论、"三个代表"重要思想、科学发展观和习近平新时代中国特色社会主义思想为指导，教育、引导大学生适应市场对人才的需要，培养出政治上坚定、有开拓创新精神、具有良好内在品质的合格人才。

（一）管理体制相对滞后

在不同的历史阶段，高校学生管理工作有着不同的外部环境和影响因素，学生管理工作因而呈现不同的组织结构和体制特征。新中国成立后的17年，全国范围内基本通行的是"分散管理"的管理体制，在20世纪80年代初，部分高校开始出现20世纪90年代以来全国高校普遍通行的"专兼管理"的管理体制。

"专兼管理"是指学校设立了学生工作处和学生工作部，学生工作处（部）作为高校学生工作的最主要和最重要的管理部门，承担基本上全部的学生事务及其管理工作，团委作为另一个重要部门，主要承担学生课外活动和校园文化活动的组织和管理，其他部门履行部分学生工作管理的职能。各高校出于加强学生思想政治工作和纪律管理的需要，同时因为学生事务的增加、学校管理部门的职能进一步分化等原因，都普遍设立了学生工作处。为了协调行政管理和思想教育两个方面的工作，一些高校又在学生工作处的基础上设立了学生工作部，学工部作为党委部门，其职能是领导和协调学生思想政治工作。在此基础上，许多高校还成立了校党委和校行政领导下的学生工作委员会，学生工作处（部）作为其办事机构，承担高校学生管理工作的主要任务。

整个学校的学生管理工作要形成专兼结合、齐抓共管的局面。在校一级，党总支副书记对学生管理工作负领导责任，吸纳党总支办公室主任和团总支书记，成立学生工作领导小组用以指导和协调全校的学生工作，各班（年级）配备班（年级）主任或辅导员，加强日常的思想教育和管理工作。高校内部基本形成了分工明确、专兼结合、齐抓共管，校、系两级职责分明、条块结合的学生工作网络和运行机制。立体的机构及实施系统也就是我们前面所说的"分散管理"的管理体制。这一时期，学生管理工作的权限分散在学校许多部门，学生管理工作的职能由这些部门分别实施。在系一级，学生工作主要由系总支负责，年级和班级设立辅导员，辅导员承担所有学生事务，他们"融党政于一体，集教育管理于一身"，充当起学校最为基层的学生工作者。这一时期，系一级组织具有较大的管理权限，学生工作的运行机制在较大程度上表现为"以块为主"。

20世纪80年代以来，随着市场经济的发展和完善，学生管理的内容与日俱增，市场经济的发展对高校学生管理产生了深刻的影响。譬如，学生工作的部分管理职能正在向服务职能转化；大学生就业正在由计划分配向双向选择、自主择业转化；固定学制正在向弹性学制转化；经济困难学生的资助由原来的发放助学金、困难补助向助学贷款和勤工助学转化等，这一系列变化都需要有新的完整的学生管理系统来保证实施，而这个系统的建立尚未完全形成。

（二）管理方法陈旧

高校学生管理仍然是依赖于正规的金字塔管理系统的行政命令式管理，他们基本上是向下传达精神、向上汇报工作。其中对学生产生直接影响且发挥较大作用的是院系学生会、团总支、班委会及宿管中心，其作用是监督学生是否违反纪律，做得好的班委会还会组织一些以娱乐为主的活动。实际上可以说，他们基本上进行的是外部控制，而不是主动地用比较科学的方法或经验指导和帮助学生成才，更不能唤醒学生内在的创造之魂。他们只告诉学生"不允许做什么"，而不是指导学生"怎样做才能更快更好更有效地成为人才"，使学生有对立感。

现有的管理模式忽视了大学生的自我教育和自我管理能力的培养，除了少数学生干部有机会锻炼组织管理能力外，绝大多数学生都没有培养和锻炼组织管理能力的机会，即使是这少数的学生干部，也只是学会了一些组织实施中的监督控制能力。同时，现在的高校学生工作没有紧紧围绕培养人这个中心，而是为管理而活动，仅有的大学生自我管理往往是自发的，水平不高，效果也不是很好，没有充分发掘学生的潜能来实现自我管理，以达到既培养学生的综合创新素质，又减轻工作人员负担的效果。由于缺乏自我教育和自我管理能力的培养，现在有相当一部分学生的状况不尽如人意，主要表现在自我教育观念不强，自我管理能力差和自我服务意识弱；思想有很大的可塑性，较容易受到外界的影响；容易感情冲动，不冷静，盲目狂热，有时感情用事，甚至缺乏理智的控制；有少部分学生很容易放纵自己，做出一些违规的事情；在学习上和生活上存在着较大的依赖性，缺少独立自主精神，不能适应新环境的新要求。

（三）管理制度不健全

我国教育改革与发展已进入到前所未有的攻坚阶段，而高校作为最基本的教育主体则承担着教育发展和不断创新的重任，实现高校学生工作管理模式的科学化、规范化、法制化，已成为亟待解决的问题。当前我国高校管理制度仍不健全、不完善。目前，在我国教育类法律法规中，直接涉及高校学生管理的主要有两部，即国家教委分别于2005年发布实施的《高等学校学生行为准则》，于2017年发布实施的《普通高等学校学生管理规定》。高校对学生进行管理的规定一般都是在此基础上自行制定的。

各高校有关学生管理方面的规定林林总总、各具特色，但总的特征是抽象、笼统、粗糙。有的高校在一些处罚性条款，尤其是对学生处以勒令退学或开除处分的规定往往本身就不合法。例如，某高校学生守则规定，对于考试作弊的，一经发现，给予的处罚是"自动停学一年，回家参加劳动，到期后凭家庭所在地基层组织或父母单位出具的证明回校继续学习"。这种变相"劳教"或"劳改"的规定本身就是违法的，高校根本就无权做出这类规定。再如，为了严肃考风考纪，有些学校规定，考试作弊一经发现即对作弊的考生处以勒令退学或开除学籍的处分。上大学的机会对学生来说来之不易，被勒令退学或开除很可能使学生的命运与前途毁于一旦，且先不管如此规定是否违反高校教书育人的宗旨，就其本身来说其实就是不合法的。由此可见，随着依法治国步伐的加快，在校学生权利意识、法律意识增强，这些都对原有的学生管理理念、制度和方法产生了冲击，对高校原有的管理体制提出了挑战，要改变这种被动的局面，赢得主动，必须依法治校，学生管理必须实现民主法制化。

二、高校学生管理工作的对策

（一）树立科学的管理理念

在高等教育改革不断深化的今天，高校应重视转变管理观念，只有管理观念更新，才能实现学生管理创新，做到既按照合格人才的标准严格要求、精心管理，又根据学生特点，充分发挥其良好个性；既坚持宏观指导，又深入学生进行个别引导、教育；既坚持用统一的制度和培养标准去要求学生，又坚持按不同层次的评价和教育管理学生；既坚持宽、严结合，又做到动态管理，从而提高管理的实效性和科学性，促进管理水平迈上一个新的台阶，更好地实现学校培养"四有"合格人才的目标。

树立"以人为本"的管理思想是做好高校学生管理工作的首要前提。人本理论是现代管理科学经常用到的主要理论之一，它在现代企业管理中起着很大的作用。现在，我们从教育管理这一角度探讨人本理论在高校学生管理工作中的应用，树立学生管理工作人本价值观，以人为本，尊重人的本质的主体性、能动性和多样性，这是学生管理工作从传统走向现代的创新之路。

（二）完善学生管理体制

学生管理是对在校大学生的全方位管理，内容比较广泛，涉及学校的多个部门，需要各部门协调一致，理顺各部门关系形成合力，以应对学生管理面临的新问题。在高校学生管理工作中，一是要加强学生工作机构的建设，强化其组织协调功能，理顺学生管理系统各部门、各层次、各岗位的职责、权限关系，建立健全责任制，做到责任到岗，责任到人，责、权、利相统一。二是要适当放权，发挥基层作用。现行的高校管理体制是以校、系两级职责分明、条块结合的学生工作网络和运行机制为显著特征的，校、系应组织担负对学生进行思想教育和行政管理的双重任务。因此，既要赋予系开展学生管理工作的职责，又要让其拥有开展学生管理工作所需要的权利，做到责权统一。适当下放管理权限给系，便于其及时发现问题，及时教育处理，可提高管理工作的实效性。三是进一步推行校系一级学生工作体制的党政融洽，协调统一。四是实行年级辅导员制，与学分制相适应。强化以系为单位的年级管理，进一步增强班级管理、专业教学之间的融合力度。但强化并不否认班级管理，因为在学分制的条件下，学生班级仍然是一个重要的学生单元组合，应纳入学生管理体制。

（三）健全学生管理制度

学生是学校最大的群体，学生管理工作的成效直接关系到整个高校的稳定与发展。高教改革迅猛发展，使大学越来越成为没有围墙的校园，大学生智商高、知识面广、观念更新周期短、法律意识不断增强。大学生个体之间、个体与学校之间的权利和利益关系也变得更加复杂，这迫切要求学生管理工作要运用法律和规章制度调节规范各主体之间的关系。依法治校、依法对大学生进行教育和管理是高等教育的任务，也是高校学生管理工作的指导思想。因此，建立科学、规范、完整的学生工作规章制度是学生管理工作的需要。高校应按照国家有关法律规定，依据本校实际情况，制定完整的、可操作性强的程序、步骤和规章制度，并以此规范学生的行为、行使有效的管理。

首先，高校在对学生的管理中，必须依法制定全方位的规章制度，并对现有的规章和条例进行清理和修订，过去行之有效的方法和改革成果应予以继承，同时要充分考虑整个社会法制的进步和依法治校原则对学生管理的要求，无论是修订原有的规章制度，还是重新制定规章制度，都要注意与国家的法律法规、方针政策相一致，在规范管理的同时，要注意保护学生享有的合法权益，真正体现法的价值。

其次，要更正一种错误观念，即仅仅把法律作为一种工具和手段来治理学校和办理一切事情，把法制化管理理解为"以罚治校，以罚代管"。管理并非管制，管理是管理和服务的统一，要把法律作为管理学校的依据和最高权威，因为法律除具有惩罚、警戒、预防违法行为的功能，更重要的是还有评价、指引、预测人们行为，保护、奖励合法行为以及思想教育等基础功能。

最后，建立学生救济机制，保护学生的合法权益。要严格按照法律的规定，禁止侵犯学生权利行为的发生。可以建立学生申诉制度，使学生权利得到保障。

第二节 大学教师管理

一、高校教师管理的现状

目前，我国高校普遍实行的还是传统的人事管理制度，所谓人事管理制度就是对人事关系的管理，它是以从事社会劳动的人和相关的事为管理对象，在一定管理思想和原则的指导下，运用组织、协调、控制、监督等手段，形成人与人之间、人与事之间相互关系的某种状态，以实现一定目标的一系列管理活动的总和。人事管理过程包括进、管、出三个环节，管理过程强调事而忽视人，人的调进、调出被当作管理活动的中心内容。目前高校的人事管理制度表现出以下几个特征。

其一，在政府与学校的关系上，政府是学校的所有者、出资人和管理者。教育行政部门对高校的人事权、财权、项目审批权有着严格的控制。无论是人员的进出、职称晋升，抑或工资的调整以及大型项目的立项，都必须到上级教育主管部门报批，学校没有充分的自主权。

其二，在管理理念上，强调对教师人事关系的管理，主要包括教师的进、管、出三个环节。

其三，在组织结构方面实行的是类似于政府部门的科层制的垂直型组织结构。在最顶端是由书记、校长、副书记、副校长组成的领导层，负责学校大小事务的管理和决策，是学校的顶层决策机构，其组织形式是校长办公会。接下来分成两部分：一部分是行政管理机关，包括教务、人事、财务、科研、后勤保障等部门，在这些部门中管理人员根据职务级别划分为处长、副处长、科长、科员等。行政机关根据各自职责，负责政策的制定、执行以及日常管理。另一部分是教学机构。在教学机构的设置中，与行政机关相对应，设置了教学副院长、科研副院长等职位，其下又有教学秘书、科研秘书等岗位。各岗位根据职责分工和级别高低对上一级主管领导负责。

其四，在教师管理上，实行的是身份制而非契约制。虽然现在很多高校与教师签订合同，但在实质上仍非真正的契约制管理。特别是对高校而言，要想与教师解除合同将其推向社会，在实际操作上难度很大，主要是由于目前实行的退休金制度，高校教师普遍没有缴纳社会养老保险，从而无法推向社会。

其五，在绩效考核中，强调对教师进行严格考核，设定了大量的量化指标，但很少有对教师的激励措施。

其六，在管理决策上，由行政管理机构制定政策，校领导（校长办公会）对此有最终决定权。

二、高校教师管理模式的改进

教师管理制度改革事关高等教育的全局，涉及教育行政部门与政府间的关系，涉及社会保障体系的完善，更涉及学校的发展和教师本人的切身利益。同时，高校教师群体又具有明显区别于一般人力资源群体的特殊性，这要求我们在制度设计方面不能将企业的管理模式简单套用，而要根据教师群体的特点有针对性地进行设计。在改革中，我们应该以治理为模式，形成视教师为资源的人力资源管理理念，从政校关系、决策制度、聘任制度、考核制度和分配制度等方面重新设计教师资源管理体系，加强对教师队伍的培养和激励，促进对教师资源的有效利用，同时还要充分认识到校园文化在教师管理中的积极作用，建设具有独特风格的、和谐的校园文化。

（一）重建政府与高校的关系

政校分离并不是说教育行政部门对高校的发展不管不问，而是要明确行政部门的权利和职责。政府应从举办者、办学者、管理者三位一体的全能型身份中走出来，重点行使其督导职能和保障职能。政校分离，首要的一点是要将高校与行政级别相脱离，不再提什么部级、副部级或厅级，校领导的任命应给予高校更大的自主权，由学校学术委员会选举产生，真正做到学术治校、学者治校。淡化学校领导身上的政治色彩，庸者下能者上，营造高校浓郁的学术氛围而非政治氛围。政校分离后，政府以及教育行政部门应重点做好高校的财政保障工作，应建立和完善财政制度，改革教育财政管理手段，从制度上保证高等教育发展所需要的稳定的资金支持，注重对资金分配和运用的科学管理，提高资金使用效率。同时，政府要充当中介和桥梁，扶持教育中介组织的建立和发展，推进各种捐款和捐赠制度的建立，加强企业和高校间的联系，广泛吸纳社会各界对高等教育的资金支持。

要继续大力推进事业单位人事制度改革，必须建立有效的社会保障制度。没有科学、有效的社会保障制度，高校在发展过程中就不可能放开手脚，人员的合理流动就是一句空话。只有建立有效的社会保障制度，才能彻底解决高校人事制度改革中遇到的人事关系问题，才能使教师从"学校人"真正变为"社会人"。

（二）树立"以人为本"的管理理念

"以人为本"不是一句口号，要真正落到实处。高等教育教学是根本，教学中教师是核心。在高校的教师管理中，要牢固树立以人为中心的现代管理新理念，追求教师资源管理的人本性，提升教师的归属感，同时将教师资源开发提升到第一的位置，使高校的人事工作能着眼于人力资源的开发，致力于人才的合理、充分利用；加强管理者现代管理理论的培训和提高，积极吸收管理学领域最新、最科学的研究成果，并将其运用到高校师资资源管理的实际中来，做到人力资源管理方法的科学化、规范化、民主化以及管理体制的合法化和规范化，营造尊师重教的良好氛围，始终坚持尊重教师的意愿，了解教师的需求，最大限度地激发教师的积极性和创造性，使教师的潜能得到最大程度的发挥，实现高校教师管理过程中理性管理和人性化管理的有机结合。要将管理职能转化为服务职能，为教师提供良好的发展空间，为教师清除后顾之忧，营造科学的发展平台，提升教师对学校的满意度，实现教师的满意与学校的可持续健康发展的最佳结合。

人本管理最重要的一点就是要宽容，这有两个方面的含义：一是对待教师要宽容，要细心发掘教师的长处和优点，同时还要尊重教师个人的尊严、自我价值和个人的需要，要宽容对待教师在性格方面的特性，要经常了解教师对学校工作的意见，让教师参与到学校重大制度与改革措施的制定中来。二是对待教师的学术观点要宽容，学校特别是各学科的学术带头人要能够容忍甚至提倡多种学术观点并存，对个别教师提出的特异性观点不能一棍子打死，要营造高校"百花齐放、百家争鸣"的宽松的学术氛围。当然，宽容不是放纵，高校教师资源管理需要有效的规章制度来规范教师行为。在负强化的基础上，更应该利用正强化效应，帮助教师尤其是青年教师制定自身的发展目标，并在教师目标的实现过程中实施有效的激励，使教师实现自我再造，充分发掘自身潜能，为教师向更高层次发展和更高价值的自我实现提供可能。

（三）完善教师绩效考核评价体系

第一，对教师进行绩效考核的原则。要从教学和科研两个方面综合平衡考核，不能厚此薄彼。在高校的日常管理中，很容易出现重科研轻教学的现象，这一现象又容易导致一线教师教学兴趣的丧失，把主要精力放到科研上，无心进行教学以及教学法的研究，致使教学质量下降。由于对科研考核的重视，科研成果日益大众化，学术价值大打折扣，同时由于教师争相进行科学研究，导致科研经费的收益下降。学校应当完善教师教学与科研两个方面的考核与评价体系，以提高教师工作的积极性[1]。

第二，考核过程要公开、公正、公平。公开原则是指对教师的考核过程、考核标准以及考核结果要公开，不能搞暗箱操作，不能人为干预；公正原则是要求考核者在考核过程中要实事求是，不能人云亦云、送人情分，更不能打击报复，考核者应在教师中有威信，有较高的学术地位，教学效果的公认程度高；公平原则是指应综合考核教师，不能因某一点原因就全盘否定教师的所有努力，还要给教师申诉的权利和机会。

---

① 马跃."双一流"建设背景下大学教师管理制度创新研究[J].现代教育管理，2019（06）.

第三，要做好考核结果的反馈和利用。考核结果要及时反馈给教师，没有反馈的考核是没有任何意义的，同时，对考核结果应有所说明，否则考核就只是一句空话，没有任何实际意义。

第四，考核应采用量化指标，又不能绝对量化。量化的指标可以更明确地评价教师的教学和科研工作，它不像描述性评价容易掺杂个人主观因素，量化的考核也可以通过调整权重等方法使评价更科学。但在设计量化指标的时候，要充分考虑到质的方面的因素，不能单单考虑授课学时、发表论文数量等，否则容易产生教师重视量的追求而忽视质的追求的导向作用。

（四）构造和谐氛围，形成独特的校园文化

校园文化的形成非一朝一夕之功，而是在长期办学实践的基础上，经过历史的沉淀、自身的努力和外部环境的影响，逐步形成的一种特殊的社会文化形态。罗马不是一天建成的，但我们却不能因此而忽视了对校园文化的建设，教师作为其中的一分子，应该积极投入到校园文化的建设过程中，为校园文化的形成写下自己浓厚的一笔。

校园文化建设的首要任务之一，就是传承学校的悠久历史。"以史为鉴，可以知兴替"，历史是我们最好的老师。从学校的历史中，我们可以总结出学校建校以来发展中的成功经验和失败教训，从学校发展的荣辱兴衰中，可以帮助教师培养自豪感和归属感。校园文化建设还要弘扬科学精神。科学精神是学者在长期的研究活动中形成的价值观和行为规范，是他们人格和精神气质中的精华，有着深刻的思想内涵和极强的思想文化教育功能。科学精神就是创新精神，没有创新，科学将失去生命力。在高校中弘扬科学精神，有利于教师正确树立世界观、价值观和人生观，有利于掌握科学的学习方法和研究方法，有利于教师深入开展科学研究，提高教学质量和学术水平。

加强校园文化建设，不仅要给教师提供学术自由的发展空间，更要充分调动教师参与学校建设的积极性，为学校的发展献计献策。"百花齐放、百家争鸣"不仅仅是对教师的学术研究而言，对于学校政策的制定，更要坚持民主，在学校的决策中，要多倾听教师的声音，坚决抵制官僚作风，要欢迎在管理中出现的不同声音。只要全校教师都能投入到学校的建设中，关心学校的发展，从各自的角度出发对学校政策的制定进行客观评价，我们就能在发展的道路上少走弯路，这样才能更快、更好地实现学校的发展目标。

加强校园文化建设，要建立和谐的人际关系，要创造良好的校园文化氛围，让教师在温馨的环境中集中精力搞好科研和教学，使教师能体验到自身存在的价值，使其被尊重、被关心、被爱护的需要得到满足。良好的校园文化氛围能维持并增进教师的心理健康，保证教师群体的团结与合作。主要措施有：首先，改进领导作风，改善干群关系。领导者和管理者要平易近人，不要端官架子，遇事要与教师多进行沟通，在工作上要协调一致。其次，应尊重教师在学术上的不同意见，尽可能地为教师创造良好的工作环境，关心教师生活上的困难，解除教师的后顾之忧。再次，学校要为教师间的人际交往创造良好的条件，消除各种障碍因素。最后，要加强对教师队伍中师德高尚、学术造诣突出、教学质量高的教师的宣传，使全校形成一种重品德、重知识、重人才的良好风气，使人力资源管理主体与教师之间形成一种互惠互利、默契双赢的局面。

总之，我们要把良好的校园文化作为学校效益、质量、规模协调发展的关键因素，并围绕学校的办学目标，合理规划，优化配置人才结构，更充分地发挥高校人力资源的效益。

（五）确保高校教育经费的投入

2015年12月27日，根据第十二届全国人民代表大会常务委员会第十八次会议，《关于修改〈中华人民共和国高等教育法〉的决定》规定："高等教育实行以举办者投入为主、受教育者合理分担培养成本、高等学校多种渠道筹措经费的机制。""国务院和省、自治区、直辖市人民政府依照教育法第五十六条的规定，保证国家举办的高等教育的经费逐步增长。"大部分学者认为，从目前的情况来看，有必要大力拓宽其他的融资渠道，比如发行教育公债，专款用于教育事业，特别是用于高等院校基本建设项目，使教育成本支出在若干年内分摊，这才是缓解高校大规模扩招、财政投入严重不足的一种现实而可行之策。此外，还应该从税收、金融、物价等政策的角度给予高等教育更大的支持，相应地增加非财政性投资。高校要讲效率，要大力推进分配制度改革，推行"以岗定薪，优劳优酬"的薪酬制度。

第三节　大学课程管理

高校课程建设是高校教学基本建设的重要组成部分，是提高教育教学水平和人才培养质量的关键，它对高校的教育质量有着举足轻重的影响。近年来，国家狠抓教学内容、课程体系和教学方法的改革及教学管理，对高校课程建设提出要求，以提高高校的教学质量。

一、高校课程管理的意义

高校教育在各种力量的影响下，一直处在改革中，高校教育体制改革是其中的重要内容。我国高教体制几经改革，已初步确立社会主义市场经济体制下的高校教育体制基本框架。但是高校教育体制改革对高校的课程、教学实践，尤其是课堂实践的触动甚微，因为高教体制改革的焦点是决策权和权利归属，对高校课程、教学不产生实质性的影响。要提高高校课程教学的质量就需要课程管理来解决，而高校课程管理又是一个亟待开拓的领域，高校课程管理意识的淡薄与高校课程改革、人才培养模式的转变和教学体制改革的实际形成冲突，进行高校课程管理研究具有深远的理论和现实意义。

从理论上说，第一，课程管理不仅是一个研究领域的开拓，还是课程理论研究的逻辑发展，是课程理论的自我完善。课程的研究以美国最为发达，影响也最广，它的研究重点集中于课程目标的确定、课程内容的组织、课程实施、课程评价等问题，他们认为课程管理是学校管理的一部分，不予重视，因而，课程管理的研究就被忽略了。我国接受的是以美国为主的西方课程理论，课程管理研究被忽视亦是自然的。我国有学者较早就注意到了课程管理的问题，指出课程管理理论与课程设计理论、课程评价理论一样，是课程理论的一个重要组成部分。课程理论要走向成熟，首先要解决课程理论中的课程开发、设计、评价等基本理论问题。随着课程理论改革的深入，课程管理问题就必然要提到议事日程上来。课程管理与整个课程领域的问题及其他问题都相关，重视课程管理的作用和研究也是课程理论自身发展的要求。

第二，高校课程管理研究是高校教育管理研究的必要补充和突破。高校教育管理的研究与高校课程管理的研究在总的指向上是一致的，都是为了更好、更有效地实现培养所需的人才，更好地满足高校与社会的要求。高校教育管理学已成为一门独立的学科，其主要内容是高校教育体制、教育方针政策、教育领域、教育经费及高校内部管理中的学校组织、人事管理、教学管理、后勤管理等，而高校课程管理涉及的问题具体得多，如课程标准的制定、课程实施过程的监控及管理机构的设立权限、职能的规定，它们都是具体的工作。高校教育管理学涉及的是整个高教管理领域的问题，它能提供的是各种问题的原理的内容，以及对高教管理的分析框架，它的一般理论特性使其不能对像课程这样的特定领域作出直接的运用。而且由于高校教育管理学研究范围的限定，使其不能对课程管理的问题作出详细的讨论。所以，正像教育理论不能替代对高校课程管理的研究一样，开辟高校课程管理的研究领域就非常切合理论与实际。

从实际层面看，第一，高校课程管理研究促进了高校管理观念的转变与确立。高校的管理运行机制长期习惯于自上而下的行政控制与管理，学校的设置与发展规模，学生的培养要求等都是由国家计划限定的，这种无竞争又无淘汰的运行状态极大地限制了高校自我发展的能力。如今，对包括课程编制在内的人才培养的全过程进行管理，正在成为一种新的大学管理理念，高校课程管理领域的出现反映了我国高校教育管理领域在思想观念上的变化。高校课程管理理论的建立，要以课程评价、课程设计等理论为基础，以人员管理、机构调整等观念的转变为前提。高校课程管理领域的开拓，会推进高校管理观念的转变，从而促进新领域的确立。

第二，课程管理研究可以促进课程行政的顺利转轨。我国高校课程的行政管理体系，自20世纪50年代以来，全国一直由中央统一管理，形成了高度集中的大一统模式。此种情况如果在新中国成立初期的特定情形之下是适应的，但是经过长时间的课程变革和社会大环境的变革。课程领域出现了许多新的情况：课程要求增加弹性和灵活性、学校课程决定权、及时按人才培养调整课程内容等，这些也是学校课程管理要研究的。课程管理研究内容的变化，会使课程管理体制作出相应的变革。课程行政转型之后，又可以使学校课程管理更加灵活有效，有利于调动中央、地方和高校三方面的积极性；有利于政府、学校课程管理各司其职，明确权限，提高课程管理水平。

第三，课程管理可以使高校课程改革健康、顺利发展。课程改革是整个教育改革的突破口，课程改革是教育改革成败的关键。课程改革是一个系统的过程，其组织、实施、评价和推广等需要课程管理的介入。假如这些工作不能实现，那么课程改革就不能取得良好成效。我国的课程管理水平已经落后于课程改革的需要，课程改革的深化正期待着课程管理水平的提高。

二、高校课程管理的基本原则

（一）人本性原则

"人本"顾名思义，就是以人为根本，以人为一切工作的中心和出发点，注重人的积极性、主动性、创造性以及潜能的发挥，实现人的发展、社会的进步。

在高校课程管理中，必须坚持人本性原则。在高校所有的课程管理中，教师资源是重中之重，是资源配置的实践主体，也是高校赖以生存与发展的关键。只有一流的专业教师，才能培养出高质量的学生，创造出优秀的教学科研成果，得到社会的尊重和认可，进而赢得更多的课程资源，缓解资源紧缺的现状，形成良性循环。高校在制定人才培养目标时，也必须坚持人本性原则，构建应用型的人才培养模式。学科建设、专业设置、课程开设等，也要从学生的多样化发展需求出发，及时更新教学内容、教学手段，不断丰富课程管理，培养多样化的专门人才，满足地方社会多层次的发展需要。

（二）目的性原则

目的是行为的先导，规定着行为的方向和价值，并贯穿于行为的整个过程。目的性原则，是指导高校课程管理的总的原则，一切配置行为都是围绕着学校建设的总体目标进行的，从而为实现学校整体发展目标服务。

高校课程管理的目的性原则，集中表现为两层含义。

第一，要根据明确的目标指向来配置高校的各类课程资源。比如，作为高校在进行课程管理时，不仅要根据不同学生的不同需求和学习特点来设置课程，还要考虑地方社会政治、经济、文化建设的多元化需求。

第二，所有的目标必须有相应的课程资源来对应。这要求决策者对学校建设目标系统中的各个大小目标有清晰的认识，以此建立最优的资源配置方案，提高课程管理的科学性。

（三）系统性原则

将高校课程管理看作是一个复杂的系统，该系统是由多个子系统构成的，作为这些子系统的课程要素包括教师、学生、教学环境、课程管理及课程评价等多个方面。坚持课程管理的系统性，有利于充分发挥各个子系统的整体功能，实现整个系统的总体目标。

高校课程管理在进行资源配置的过程中，要坚持系统性原则。首先，要对课程资源的各个构成要素建立充分的认识，了解它们的具体特性及其作用功能，只有这样，才能有的放矢地合理配置课程资源，保障每个课程要素都能发挥最大功效；其次，不同课程要素之间是互相联系、相互契合的，具有不同的组合方式。如何对这些不同的课程要素进行多样化组合，需要考虑不同学科、不同专业、不同课程的特点及发展要求，这样才能保障课程资源整体功能的发挥以及课程活动的有效实施。

（四）协调性原则

协调就是要配合得当，和谐一致，尽量减少矛盾，将消耗降至最低程度。在当前高校课程资源相对紧缺的情况下，为了适应高等教育大众化的发展进程，高校在进行高校课程管理中必须坚持协调性原则，以便最大程度地实现高校课程资源的公平配置、协调发展。

高校课程管理的协调性原则包括两个方面：第一，外部协调，主要是指高校内部课程资源的配置必须要与当地经济社会的发展要求相适应。高校办学定位、人才培养模式等的确定，要考虑当地的实际发展需求。在依托于当地资源办学的同时，也要积极主动地为当地社会的发展提供服务。第二，内部协调，主要是指校内课程资源在不同院系、不同学科、不同专业间进行配置时，必须兼顾效率与公平。在坚持效率的同时，提倡合理竞争；在考虑公平的同时，也要关注投入与产出。

（五）可持续性原则

"可持续性"就是要求资源的可持续利用，不能只顾眼前利益而不顾长远利益。高校是非营利性的社会公益组织，不能只顾效益而不顾成本。

高校在进行课程管理时，必须坚持可持续性原则，既要满足高校当前的发展需求，又要考虑高校长远发展的需要，以保障课程资源的可持续性利用。高校的各类课程资源，如教室、实验设备、教学仪器、图书资料、专业教师等，都处于持续使用、不断消耗的过程中，并不是取之不尽、用之不竭的。为了高校的长远发展，一方面要切实提高现有资源的利用率，通过加强对课程管理的监管力度，实现资源共享等方式，尽量减少不必要的资源浪费和重复建设；另一方面必须合理开发利用高校的各类课程资源，实现资源的补偿和再生，避免枯竭，从而保障高校的可持续性发展。

第六章 大学教学管理的质量管理

教学质量管理是教学管理的核心，也是大学管理中最主要的任务。大学管理的一切措施，都是围绕提高教学质量来进行的。培养高质量的合格人才，是大学一切工作的出发点和归宿。抓好教学质量管理必须树立明确的质量观念；明确教学质量管理的标准；严格教学质量控制和检查；对教学质量进行分析，找出影响教学质量的因素，及时加以改进。

第一节 树立全面的教育质量观

全面的教育质量观是教育质量管理的目标，也是教育质量最根本的指导思想。教育质量要用它作为尺度来检查，作为指针来分析，作为标准来控制。

一、教育质量管理的指导思想

第一，要按照教育方针的要求，用全面发展的观点来评价学生的教育质量。检查教育质量高低的唯一标准是社会实践。最近几年，社会上对大学毕业生的质量有不少反映，认为他们思想活跃，有改革热情，掌握了一些新的科学技术。但最集中的意见是有相当一部分大学生的思想政治素质不高，动手能力较差。这些问题很值得引起重视。提高教育质量的关键在于正确地贯彻"全面发展，面向实际"的方针，全面提高学生素质，培养符合社会主义现代化建设实际需要和社会主义商品经济发展要求的专门人才。

第二，要按照新时期的要求，用正确的教育观点来评价学生的教学质量。新的教育观要求，培养的学生具有坚定正确的政治方向。我们培养的学生应该是社会主义事业的建设者和接班人，而不能是资产阶级的个人主义者，更不是社会主义的破坏者。在教学过程中，要在传授知识的同时，着重培养学生的智能。在发展智力因素的同时，还要注意培养学生的非智力因素。传授知识与发展智能，发展智力因素与培养非智力因素，无论是在教师的教育过程中，还是在学生的成长过程中，都应当是辩证统一的。我们在教育过程中，既要传授知识，又要培养能力，还要善于开发学生的非智力因素，培养坚韧不拔的品格，陶冶纯洁高尚的情操，诱发学习的兴趣，端正学习的动机，磨炼奋发向上的意志，强化敢于竞争的意识，造就适合于时代要求的有献身精神和创新精神的社会主义事业的接班人。

第三，要按照全面质量管理的要求，对教学过程进行全程管理。教学过程犹如产品的生产检验程序，学校培养的人才也需内部各"工序"的"加工"和"检验"，最后才能确定是否符合质量标准。所以，教学质量管理不仅要贯穿于教学的全过程，而且也涉及培养人才过程中各方面的实际工作。

二、全面教育质量观的突出特点

全面的教育质量观有三个突出的特点：一是对学生要坚持德智体美全面发展的质量观点。二是要坚持认识与行动统一的观点。就德育来说，要坚持观点与行动的统一；就智育来说，要坚持知识与能力的统一；就体育来说，要坚持脑力与体力的全面发展。三是要坚持智力因素与非智力因素的协调发展的观点。

教学质量管理要体现全面性、全程性和全员性。

全面性——管理对象的全面性，也就是对学生德智体全面发展的质量管理。衡量教学质量的高低，决不能只看一个方面，而应该全面衡量。我们必须在教学质量管理中，对学生的政治思想、道德品质、作风纪律、专业知识、智力能力、身体素质等各方面都制定目标，提出要求，进行控制和检查，使各方面都达到规定的标准。只有这样的人才，才是符合社会主义现代化建设需要的全面发展的合格人才。教学质量管理的全面性，还在于要求对大学的全部工作包括教学工作、思想政治工作、后勤总务工作和行政管理工作等进行全面的质量管理。因为学生德智体美劳全面发展，是所有这些工作质量的直接结果。任何一方面管理不妥，都会直接影响教学质量。

全程性——管理工作的全过程，也就是对教学全过程的质量管理。大学的产品是人才，要想培养出高质量的人才，需要对大学的教学工作和其他工作按每一个阶段、每一个环节、每一个程序，即从招生直到毕业分配的全过程进行严格的质量管理。既要重视一门课程、一个教学环节的教学质量，更要重视人才培养的全面教学质量；既要重视一个教师、一个管理干部的工作质量，更要重视全校各部门、各个环节上工作人员及组织机构的工作质量。因为全过程中的每个环节的工作质量都影响着学生的培养质量[①]。

全员性——管理工作的全系统，也就是全员质量管理。学校的各项工作虽有分工，但是无论什么工作都要围绕提高教学质量这个中心来进行。各类人员都以自己的工作和行动，直接或间接地在影响或教育学生。必须使每一个教师和干部都明白，他们所从事的每项工作都和提高

---

①陆昉．推进课程共享与教学改革全面提升大学教学质量[J]．中国大学教学，2014（01）．

教学质量和教育学生有关，要全方位开展教书育人、管理育人和服务育人活动，努力提高各自的工作质量，在学生面前起表率作用。大学生不仅是教育管理的对象，同时也是教学活动的主体。学生的政治思想、专业能力和健壮体魄的形成和发展，既依靠大学教学管理部门和其他工作部门的质量管理，同时又有赖于学生本身的主动性和积极性。因此，全员性的管理决策不仅是教师和干部的事，也包括学生自己管理自己，这是与工厂生产管理显然不同的特点。工厂管理的产品对象是物，而大学管理的产品对象是人。因此，要调动被管理者——学生的积极性和主动性。实际上，大学里的每个成员，都处在大学管理这个大系统之中。既是被管理者，又是管理者（包括自我管理和相互管理），也就是既参加管理，又接受管理，每个成员都要为提高教育质量而努力。

第二节　影响教学质量的主要因素

一、学校外部因素对教学质量的影响

学校是整个社会系统中的一个子系统，它同社会中的其他子系统发生多种不同方式的联系，它们互相影响、互相制约，因此，学校教学质量管理受到校外多种因素的影响。

一个国家对教育采取什么政策，对教育事业的发展和教育质量的提高影响极大。比如美国林肯总统1862年颁布莫里尔法令（即政府赠地给各州创办大学的法令），对美国高等教育的大发展起了促进作用。当时他们十分重视农工学院直接为当地的生产服务，并明确规定以教授"农业和机械艺术"为宗旨。美国对高等教育采取功利主义态度，各大学之间差别很大，可以吸收各种程度的青年进入不同程度的高等学校，在学校里学习某些方面的专门知识，然后从事各方面的工作。英国是一个古老的资本主义国家，英国大学比较注重使学生成为一个有教养的人，教学过程的核心是学生个人与导师面对面进行交流。注重陶冶人的价值观和思维方式。英国大学对教材教法都有规定，各门学科必须严格按照规定的顺序学习。我国高等教育的管理体制是高度集中的，对大学的教育方针、培养目标和教学计划都有统一规定，对教学质量也有统一的要求。这些都是外部因素，属于高等教育的宏观控制。我们国家关于教育的法令、法规，是体现党对学校的领导，体现社会主义初级阶段对高等教育的要求。我们要提高教育质量，首先必须认真执行国家关于教育的法令、法规。

高等教育的发展要受到政治、经济、文化、科技等多种社会因素的影响，特别是社会生产力对高等教育起着重要的制约作用。我国社会主义初级阶段，生产力发展水平还不高，生产的商品化、社会化和现代化程度都比较低，与此相应的社会民主制度和精神文明建设只能说刚有了一个基础。这就规定了我国高等教育必须从我国的基本国情出发，确定我们培养人才的规格，确定理想教育、道德教育和专业教育的立足点。那种不顾基本国情，离开现阶段社会实际的做法是行不通的。在教学质量管理中要善于把先进性和广泛性结合起来，把提高学生的政治思想素质与业务素质作为考虑教育质量的出发点和标准。

高等学校一般设在城市里，城市的多种因素都对学校的管理产生着不同程度的影响。这些社会因素主要是当地的经济发展状况、科学文化水准以及民族特点、风俗习惯和社会道德风貌等。要提高教育质量，就要注意了解本地区的社会特点，利用积极因素，克服消极因素，扬长避短，创造一个良好的育人环境，有时还可以利用地区优势办出学校特色。高等学校必须改革学校与社会相脱离的封闭式体制，架起学校通往生产、科研和社会等方面的桥梁，加速建立教学、科研、生产的联合体，使高校具有主动适应经济和社会发展需要的积极性和活力。

二、学校内部因素对教学质量的影响

影响教学质量的因素是多方面的，它存在于教育、教学管理系统的各要素中。就学校内部来说，影响质量的因素主要有以下四个方面。

第一，教师因素。教师在教学过程中起主导作用，这种主导作用的发挥及其效果如何是由教师的业务水平、教学方法、教学态度、思想作风等决定的。因此，教师是影响教学质量诸因素中首要的因素，是决定教学质量的关键。要提高教学质量，就要提高整个教师队伍的水平[①]。

第二，学生因素。学生在教学过程中是处于主体地位。大学的教学过程，是教师根据一定的教育目的要求，引导学生以学习为主，学习与发现逐步结合的过程，是引导学生逐步认识客观世界，形成学生的智慧、才能、思想、观点和品格的过程，是学生身心得到全面发展的过程。因此，教学质量的高低，同学生的素质即学生的原有基础知识、智能水平、思想水平和学习态度等关系密切。学校所采取的提高质量的一切措施、教师的一切努力能否达到目的，均取决于学生努力的程度。这就要求管理者和教师要注意充分调动学生的积极性和主动性，重视学生的主体作用。

第三，教学条件因素。包括教材、仪器、设备、图书资料及其他教学设施（电化教学设备、计算机辅助系统和自动练习器等）、生活条件等。它是提高教学质量的物质保证。在其他条件相同的情况下，教学条件的优劣对教学质量有明显的影响。

第四，教学管理因素。包括各级教学管理人员的思想、政策和业务水平，管理机构的配置和管理制度的健全及其实施状况，它对教学管理系统起着计划、组织、指挥、协调和控制的作用。教学管理水平和教学管理工作的好坏，对教学质量有着直接的影响。

[①]陈慧娟，辛涛. 我国基础教育质量监测与评价体系的演进与未来走向[J]. 华东师范大学学报（教育科学版），2021，39（04）.

第三节　教学质量的控制

教学质量控制就是根据教学质量的标准和要求，通过严格的制度和方法，把教学过程中影响教学质量的各种因素控制起来，建立一个全面的质量控制系统。检查与考核只能鉴定质量，而不能形成质量。因此，教学质量控制是教学质量管理的重要环节，应把招生、培养和毕业分配的全过程中影响质量的诸因素都控制起来，用提高整个教学工作各个环节的质量的办法，以实现预定的质量指标，达到提高教学质量的目的。

一、招生过程的质量控制

全面质量控制首先要把好入学新生质量关。新生质量是我们组织教学工作的起点，是培养高质量人才的前提。国家采取统一考试、全面考核、择优录取的招生制度，为把好新生质量关提供了保证。但从业务上讲，只看高考分数是不够的，还要看学生的智力，不仅看高考总分，还要看课程的结构分以及中学的学习情况。对已入学的新生，要坚持全面复审制度，对其中确实不合格者，应按有关政策规定，及时进行处理直至取消入学资格。高等学校的招生制度应该进行改革，要真正有利于选拔优秀人才到大学来培养深造。

二、计划过程的质量控制

这里主要是指全程教学计划，同时也包括学期实施教学计划和教学保障计划等。由于教学计划是人才培养的蓝图，是人才培养的模式，是直接影响教学质量的因素，因此要特别抓好计划过程的质量控制。

制订教学计划，必须符合教育方针和教育原则，体现教学规律。要贯彻系统论和控制论的原则，按"拓宽专业，打好基础，加强实践，培养能力，全面发展"的精神优化整个教学计划。

为了执行全程教学计划，必须相应地分学期制订学期实施计划，使总的计划得以贯彻落实。

三、教学过程的质量控制

教学过程的质量控制，是教学质量控制的核心和重点。如果说，制订教学计划是保证质量的前提，搞好教学过程的质量控制就是保证教学质量的关键。大学的教学质量取决于整个教学过程中每个阶段、每门课程的质量。因此要全面提高教学质量，就要把好教学过程中各个环节的质量关。

第一，把好任课教师的质量关，着重抓好主讲教师的审批和聘任。要特别注意把业务水平比较高、教学经验比较丰富的教师，尤其是把教授、副教授和教学经验丰富的讲师安排到教学第一线，保证比较强的教学队伍。

第二，把好各门课程和各个教学环节的质量关。这就要制定各门课程和各个教学环节的基本教学文件，如教学大纲、教学规程、教学指导书等。加强实践性教学环节，做好教学准备工作。积极开展教学研究，组织教师研究教学内容和教学方法，总结交流教学经验，深化教学改革，不断提高教学质量。

第三，把好各门课程及实践环节的考试关。考试是检查教学质量的重要手段，对学生的严格要求、合理淘汰，都要通过考试环节来实现。大学教学管理干部和教师一定要严肃认真地组织好各门课程、各个环节的考试工作。考试命题是否得当与考卷评阅是否严格是搞好考试工作的关键环节。近几年，"分数贬值"已是相当普遍的现象，特别是补考，基本上是送及格的。这样败坏了学风，也影响了人才培养质量。社会上反映"大学门难进，进了门好混"是值得我们重视的。强化考试制度是教学质量控制的重要措施。要鼓励学生平时扎扎实实学习，纠正考试突击和舞弊现象。

第四，把好升留级和毕业的质量关。对升留级标准的掌握，要严格执行教育主管部门的规定，该留级的坚决留，该退学的坚决退。要严肃认真，决不迁就姑息、降低标准。

对学生的毕业设计（毕业论文）及答辩的质量也要严格把关，授予学位要从严掌握。学业上虽给予毕业，但有三门课程是经过补考及格的，就不能授予学士学位。硕士学位的每门学位课程考试成绩须在70分以上，以保证毕业生的业务质量。防止把不合格的学生输送到社会上去。毕业证书应该是"产品"的合格证书，在这个问题上任何心慈手软的做法都是错误的。

四、反馈过程的质量控制

教学质量反馈过程的控制，主要包括两个方面。

（一）通过教学质量检查的信息反馈进行控制

为了及时了解教学过程中的经验和问题，必须对教学质量进行检查和控制，以便控制反馈的信息，采取措施来修正或调整原定的计划或方案。这是教学质量控制的重要方法。教学质量的检查与信息反馈可通过下列方式进行。

1. 平时检查

教师应该在日常的工作中，在每一天、每一节课的教学活动中落实对教学质量的检查。加强对学生学习情况的观察，坚持对课堂提问、课后作业等认真对待、严格把关。

2. 定期检查

学期初的教学检查，期中的教学检查，期末的教学检查。特别是期中教学检查，要组织全校力量进行，把全面检查与重点检查、专项检查结合起来。这里需要强调的是，教学检查要校、系两级领导亲自动手，调查研究，掌握情况，同时，要坚持群众路线，发动教师（特别是任课教师）、学生，以及教务、总务、设备、人事等部门的人员参加，单靠教务部门是肯定搞不好的。

为使教学质量检查及信息反馈及时、经常、有效地进行，应建立教学质量检查和评议制度，还应建立一个强有力的全面质量管理系统，由管理机构、管理制度和管理队伍三个要素组成，从组织体制上保证教学质量的控制①。

（二）通过对毕业生质量调查的信息反馈进行控制

检验教学质量高低的唯一标准是社会实践，因此，学校的系和教研室不仅应在校内对毕业生的综合质量（包括他们的基础理论、基本技能、专业知识、外语水平、思想政治素质、文化修养和身体素质等）进行调查分析，而且还应该在学生毕业后，对他们的分配去向、从事的工作以及在工作岗位上的适应程度等情况作调查分析。这是大系统范围内的信息反馈，以此来检验学校原定的专业设置、培养目标、教学计划中的课程设置、教学内容以及教学方法等是否符合社会的需要，并加以研究改进。这可使高等教育主动适应社会发展和现代化国家建设的需要，克服教学与社会需要脱节的现象。因此，对毕业生进行跟踪调查，这是教学质量控制的重要措施。我们要把学生从入学到毕业直至工作岗位以后的情况进行系统的典型的调查，并将这些反馈的信息和数据，利用计算机进行分析，从而使质量管理现代化、科学化。

教学质量控制与企业质量控制是大不相同的。前者比较复杂，但也有相似之处。管理过程的四个阶段，即按照计划（Plan）、执行（Do）、检查（Cheek）和处理（Action）的程序循环，这种循环程序简称PDCA循环，也称为"戴明环（Deming）"。这种循环是不断旋转的、螺旋式上升的，不断循环，不断提高。这是一种应用相当广泛的科学质量管理方法。教学工作也是有计划、执行、检查、总结这样四个环节。但是，在应用这一方法的时候，要特别注意精神产品同物质产品的不同，注意教育作为培养人的活动的特殊性。质量控制是指的检查和总结两个环

①熊华军，魏星星．基于教学学术的大学教学质量监控体系构建[J]．教育科学，2023，39（04）．

节。以前我们往往只布置计划和执行，缺乏检查和总结，形成P—D—P，有时甚至只管下达计划，形成P—P—P，没有抓住质量控制环节；有时也抓检查，但往往受随机因素和人为因素干扰，缺乏定性定量化分析。质量控制实质上是放任自流的。我们应该大力纠正这种现象，采用科学化管理方法，使教学质量管理向科学化管理迈进。

第四节　教学质量的评价

一、教学质量评价的意义和原则

（一）教学质量评价的意义

教学质量评价是教学质量管理的中心环节。评价教学质量的根本目的在于使师生和教学管理部门准确、及时地掌握各种信息反馈，从而对教学过程进行调节和控制，对改进教学工作、提高教学质量提供科学依据，并进行定量分析，作出合乎教学规律的科学决策。教学质量的评价有以下的意义和作用。

1.导向作用

教学质量评价是以社会对人才的质量规格的要求为准绳。通过教学质量评价，可以引导学校把自己的办学目标对准社会需要，培养符合社会主义建设实际需要的全面发展的专门人才。评价使学校每个部门和每个成员都知道培养人才的现状和发展方向，并明确自己的职责，从而形成一个以提高教学质量为中心的有生命力的整体。为了充分发挥教学质量评价的导向作用，可以从高校的教育改革的实际出发，采用某些有效的办法。比如，当前高校的思想政治教育工作比较薄弱，学生的思想政治素质较差；在一定程度上忽视了实践教学环节。为了改变这种状况，在建立评价指标体系和确定指标的权重时，就可以适当突出这两个方面的内容，这样的教育评价必然会很好地起到导向作用[①]。

2.鉴定作用

所谓教学质量评价的鉴定作用，一般来说，就是指用评价结果来区分评价对象的优劣程度，或用评价结果来衡量教学质量是否已经达到其规定的最低标准。例如，通过鉴定可以区别高校教学质量的优劣程度，进行校际办学水平的比较，提供校际差距的各种信息，真正贯彻"择优扶植的原则"，充分发挥高校教学质量评价的鉴定作用，也可避免某些盲目性。

经常进行教学工作的评价，有利于全面掌握学校教育质量状况，使学校各级管理部门和教师本人准确地分析学校和个人的教育、教学的基本情况，获得指导和改进工作的客观依据。

3.调节作用

教育控制论表明，教学中的反馈信息，尤其是负反馈信息可以调节下一步行动的目标。教学活动只有用反馈信息进行调节，才能达到既定的目标。教学质量评价包括对学校办学水平的评价、对某个专业或学科教学水平的评价以及对教师教学质量的评价、学生素质综合评价等几个层次。对学校办学水平的整体性评价，可以调节学校的整体教学工作；对专业和学科教学水平的评价，可以调节专业和学科的教学工作；对教师教学质量的评价，可以调节和改善教师的教学工作；对学生素质综合评价，可以加深对学生的了解和对学校教育工作的了解，从而改进工作，提高培养质量。

4.激励作用

教学质量评价的意义在于调动一切积极因素，激发教育管理干部、学校领导和广大教职员工的积极性。特别是大学办学水平评价、专业教

---

①陆一，林珊，陈嘉．从评价到赋能：大学课程教学质量提升新方法[J]．中国大学教学，2020（08）．

育质量与课程教学质量评价，具有学校之间、领导干部之间、教师之间、学生之间等方面的横向比较的作用，这样必然会调动广大教职员工的积极性。在教学质量评价的基础上，在学校间、专业间的竞争中获得更大的压力、动力和活力，从而深化和加快大学的改革，使高等教育更好地为社会主义现代化建设服务。为了使教学评价真正起到激励作用，必须重视教学评价指标体系的确立，并在评价过程中，注意把目标评价、过程评价与条件评价很好地结合起来，把组织目标与个人目标统一起来，激发人们的积极性和创造性，为社会多作贡献。

5.诊断作用

通过教学质量评价，不仅获得有关评价对象的各种信息，而且对这些信息进行全面的分析处理，得出评价结果，明确指出值得肯定的内容、存在的主要问题以及改进的意见等，充分发挥评价的诊断作用。比如对教师教学质量进行评价，应包括对教学态度、教学内容、教学方法与教学效果等方面的评价，通过各种评价方式来获得评价信息，然后再对这些信息进行分析处理，这样就能对教师的教学工作质量得出比较全面、比较科学的结论，明确提出优缺点，从而能帮助教师明确改进教学工作的方向，并采取相应的措施，不断提高教学质量。

（二）教学质量控制过程的特点

评价教学质量，首先要对教学质量有一个科学的评价体系，但是，要确定教学质量评价体系，必须明确教学质量控制过程的一些特点。

复杂性。教学是一种复杂的脑力劳动，其劳动成果比较特殊。一般来说，对脑力劳动效果的评价比体力劳动复杂得多，教学是培养人的活动，这里有知识的转化和学生的能动作用问题，对人才质量更难于作出精确的评价。

多元性。教学过程是一个多元的复杂系统，教学质量评价涉及许多因素，既有目标任务的全面性，又有教学内容的可变性；既有教师的主导作用，又有学生的主体作用。此外，还涉及学校的物质条件等。

延时性。教学效果具有延时性和混合性，因为培养人的周期比较长，它的效果不能完全凭眼前或近期的某些指标来衡量。

程序性。教学的各项控制内容具有相互联系和制约作用，从整体上处理好教学各个环节的联系和衔接，认真解决好每一个具体的质量问题，才可能使教学实现有效的控制。教学过程的任何子系统发生故障，都可能导致整个教学管理系统功能的衰减，从而影响到学校教学目标的实现。

动态性。教学质量管理是由众多因素构成的动态的不确定的系统。随着学校教育改革与开放的深入发展，教学工作经常出现一些新事物、新因素、新动向；同时，由于教学过程随机现象常有发生，教学质量的评价指标体系也应适应发展的新形势而不断进行调整。

（三）教学质量评价的原则

为了做好教学质量评价工作，必须遵循以下几个原则。

方向性原则。教学质量评价应体现社会主义初级阶段党的基本路线和党的教育方针，体现教育"三个面向"的战略思想。指标体系具有直接的导向作用。在编制教学质量评价指标时，应围绕社会主义初级阶段的教育任务和学校的培养目标，适应我国经济和社会发展的需要，体现高教改革、开放的方向。

客观性原则。教学质量评价，是根据高校教育目标对所实施的教学活动效果进行的科学的判定。一般采取学生、同行专家、领导和教师自我评价相结合的方式进行，尽量避免主观性。在教学质量评价中，造成评价误差的心理因素不可忽视。主要有感情因素、近期因素、暗示现象、偏见误差。这些都是影响评价的客观性。

可比性原则。进行教学质量评价，指标体系应是可比的，并具有层次间的质与量的区别。高校教学质量的评价，往往具有继承性、延续性、后效性、周期性、社会性的特点，事物的质和量总是联结在一起的。坚持教学质量评价的可比性，应考虑尽可能运用数学，作出定量评价，以避免评价工作弄虚作假、争功诿过的不良行为发生。

可行性原则。主要体现在评价指标体系的可测量，评价工作简便易行。切忌烦琐和片面，要注意从我国高校的校情出发，分层次进行评价。在评价中不应盲目地拔高评价标准，使评价指标成为可望而不可即的东西。评价的结果使被评者可以接受，并用以改进工作，发扬优点、克服缺点，这是评价成功的重要标志。

动态性原则。教学质量是一个动态的综合指标。随着教育改革的不断深入，教学模式的不断更新，教学方法的不断改进，教学质量评价应紧跟这种教育发展的新形势，不断提出新的指标和要求，促进人才培养的质量符合社会发展的需求。因此评价既要有求实态度，又要有创新精神，二者是统一的，统一于合乎实际的科学的动态的基础之上。

二、教学质量评价的标准和途径

（一）教学质量评价的标准

评教学质量，首先要建立具体的质量标准。这正如工厂检验产品需要有一个标准一样，每门课程、每个教学环节以及人才素质，也要规定出一个具体的质量标准，作为衡量教学质量高低的尺度。当然，我们应该看到，评价教学质量比评价工厂的产品质量的难度要大得多，要认真研究。

评价教学质量的标准到底是什么？过去，有人单用学生考试成绩来评价教学质量，这种评价有片面性。考试成绩是评价教学质量的重要标志，但不是唯一标准，考试分数也不是全面评价学生的唯一尺度。苏联教育家巴班斯基强调："必须全面评价教学效果，即不能局限于学生的学习成绩，而应该全面考虑学生的教养、教育和发展水平。"

为了正确评价教学质量，我们应该分清组成教学质量的诸因素，特别是一些基本因素，并要区别这些因素在整个教学质量中所占的比重，然后采取适当的评价方式，分别对各基本因素作出评价，进一步将这些评价作一定的数学处理，以求得定量评价。

教学质量与多方面的因素密切相关，因而影响教学质量的因素是多方面的，它不仅受教育系统内部各因素的影响，而且还受教育系统外部有关因素的制约。就教育系统内部而言，教师的业务水平、教学态度、教学方法、教学环节的相互配合、先修课程的教学质量；学生的原有基础、智力水平、学习主动性；还有教学条件，诸如教材、实验设备、图书资料、教学手段以及学校的管理水平、管理制度和组织机构等，都直接影响教学质量。当然，各种因素对教学质量的影响是不同的，我们应该分清基本因素和非基本因素，把重点放在有全局性影响的因素上。就教学系统内部而言，一般说来，在各个教学阶段中，基础课对培养人才的业务质量具有全局性的影响；在各个教学环节中，讲课是关键的环节，教学质量评价工作的重点应该放在这些方面。美国教育调查协会（AERA）、苏联教育家巴班斯基和我国西北工业大学季文美教授等均提出了一些评定教学质量的标准。根据这些学者的研究，考虑到我国的实际情况，我们认为评价教师的教学质量应着眼于在特定时间内的整个教学过程，而不应只看结果。换句话说，要对教学过程的各个因素进行综合评价，这就需要为教学过程的各个因素确定一定的标准。从影响教学质量的因素来分析，评定教学质量的标准如下。

1.学术水平

教师的职称、级别、学历和学位；外语水平；科研成果和科研论文；本专业（学科）造诣以及更新知识的能力；对本门课程掌握的程度以及对相邻课程的了解情况；改革课程体系和更新教学内容的情况，使教学内容具有科学性、先进性和可接受性。

2.教学水平

切实贯彻教学大纲，熟练掌握教学内容，讲清基本概念、基本理论；讲课思路清晰，条理清楚，层次分明，逻辑严密，突出重点，分散难点，板书整洁，表达能力强；贯彻少而精、启发式教学原则，精选教学内容，改进教学方法，合理组织各个教学环节；恰当运用各种教学手段；注意调动学生的积极性，重视培养学生的智能；教学注意思想性，寓德育于教学过程之中。

3.教学态度

勇于承担教学任务，备课认真，讲课熟练，治学严谨，坚持实事求是的科学态度；有良好的师德，为人师表，教书育人；认真执行教学日历，严格要求学生，认真批改作业；坚持考试命题原则和评分标准，全面考核学生。

4.教学效果

考试成绩（包括各种竞赛成绩）；学生考研究生的情况；学生创造能力的具体表现；后续课程对先修课程的意见；评估成绩在同年级、同类院校中排列的名次。

5.学生情况

学生的原有基础及学习成绩，智力水平；学习态度、学习纪律；学风；个性发展。

评价教师的教学质量应包括以上这些方面。传统的评价只注重目标评价，而现代评估学理论则认为，除了目标评价之外，还要对教育过程进行评价。由于教学质量是在教学过程中形成的，所以过程评价可以弥补目标评价之不足，而且教学改革主要是教学过程的改革，所以，过程评价也可以对教学改革起到更加直接的推动作用。

（二）教学质量评价的途径

为了进行有效的教学质量评价，必须采取有力的措施。主要有：

1.健全教学质量管理体系

校、系、部、教研室都要建立教学质量评价小组，以教研室为基础。

2.建立教学质量评价制度，制定教学质量评价标准及评标表格

采取全渠道评价方式：一是学生评价，学生填表评价；二是同行专家评价，同教研室教师互相评价；三是上级评价，由教研室主任，系、校有关人员组成检查性评价；四是教师自我评价。对待学生的评价要特别慎重和细致。对学生的意见，要作具体分析。一般来说，学生评价教师的教学态度比较准确，但评价教师的学术水平则比较困难。

3.检查性听课

这是评价教师的重要手段。评价者深入第一线，进行现场考察、现场调研，及时掌握教学动向和质量状况，收集反馈信息。在课堂教学中，常常具有大量的评价资料可供评价者捕捉。收集的资料不仅对当时教学任务完成情况具有评价意义，而且对分析教学过程的因素，客观地、全面地评价学校教学工作，切实为每个成员改进教学都可提供重要的分析依据。为此，要求评价者认真填写听课记录卡片，作为评价教学的第一手资料。

4.问卷调查

这是教学管理部门或教师为及时了解和分析某一教学环节、某门课程的教学反映及教学改革情况常用的一种方法。如结合期中教学检查或期末教学工作总结，让学生或教师填写问卷。评价者按内容进行分析、归类，从而发现问题和薄弱环节，作为改进教学的重要依据。

5.座谈会

这是评价者广泛听取教师学生对教学工作的意见的一种常用的评价方法。参加座谈会的人员有代表性，应保证与会者都有发表意见的机会。召开座谈会要有准备，会前要发调查提纲，使座谈会反映的信息比较集中、比较准确。

6.定量分析

教育评价的发展趋势之一就是对教学质量的定量分析。定量分析与定性评价相比，定量分析显得更具体、更精确些，受主观因素影响较小，因而受到人们的重视。但是教育现象是比较复杂的，有些指标可直接获取数量信息，可以一次量化；有些指标需要在定性的基础上加以量化即二次量化，才能达到评价的要求。比如，评价教师的授课质量，先由专家、学生、领导按照标准分别用好、较好、一般和较差几个等级进行定性描述，然后对每个等级赋值，即对定性描述进行定量刻画。还有的指标无法从确定性的数学模型中寻求精确的解答，只能从模糊集合论及隶属度大小来定量，以表示教学评价对象的属性参量的基本特征及量级。定量分析的技术要认真研究、逐步完善，使之形成一种简便易行的实施技术。

7.跟踪调查

主要用于毕业生的调查。社会实践是对教学质量最具权威性的评价。毕业生走向社会后，受到社会实践的检验。学校通过对毕业生的调查，了解社会对人才培养质量的评价，用于对教学质量进行综合分析。根据毕业生的信息反馈，为改进教学、实施教学质量的优化控制提供科学的依据。跟踪调查也可以用于在校生的系统调查，选定教学班、课程或教学环节等特定对象，针对教学质量要求，进行连续的或周期性的调查与测量，从中对教学质量进行科学的评价。

除了上述途径和措施外，还可以采取一些新的途径和措施，使教学质量评价更加科学、更加准确。教学质量评价是一项十分复杂细致而且学术性很强的工作，要根据教学规律和特点，做到因地制宜、讲求实效、灵活运用，使评价工作有力地推动教学改革的深入和教学质量的提高。

第七章　大学教学管理的创新

第一节　现代高校学生管理的创新

一、高校学生管理创新的背景

随着科学技术发展的日新月异，网络信息的瞬息万变，高等教育改革的持久深入，对外开放的不断扩大，学生个性的日益张扬，学生与学校、学生与社会的关系正在发生着变化，而这些变化对当前的高校学生管理工作提出了严峻的挑战，而且这种挑战可谓全方位的。

首先，在管理体制上。全球化发展趋势使各种观念和文化涌入国门、冲进校园，信息技术的发展使社会交流的范围已经超越了以往任何时代，通过互联网，大学生无须进入课堂就可以获得比教师传授的更多的知识和信息，观念和思想的更新速度大大加快，加之大学本身的国际交流也在逐步加强，学生和教师、科研和教学、信息和资源的国际流动将更加频繁和不可避免。这些对于以往只注重学校内部和系统自身的学生管理体制而言是巨大的挑战。学分制的推行，打破了传统的以专业和年级为依托的班级建制，以班（年）级为核心，以"校、系、班"为纵向管理框架的学生管理模式的成功经验和做法，正在逐渐丧失优势，取而代之的是以学生社团、学生生活园区、互联网等为纽带的新群体对学生的影响力在逐渐增强，对于这部分新出现的群体，学校该如何应对？如何管理？高校后勤社会化改革，彻底打破了学校与社会之间的围墙，也促使大学生的生活环境社会化。随着学生的社交、娱乐、学习、社会工作逐渐走出校园、走向社区和走向社会的趋势，传统的封闭式的学生管理体制的弊端越来越突出。

其次，在管理方式上。社会对创新人才的需求，与学生管理追求整齐划一的管理方式形成了巨大反差；迅速膨胀的学生规模直接导致学生工作量的增加，"保姆式"的全方位、全过程的微观管理和控制在如今只能是表面化应付；收费制上学使学生的权利意识迅速膨胀，常常依靠教师权威和学校行政手段达到管理目标的工作方式明显不能使学生满意。

再次，在管理内容上。终生学习型社会的建立，影响和推动着世界高等教育观念和教学管理、课程体系以及人才培养结构周期的整体改革，它要求高校的学生工作不仅要考虑学生在校期间的学习和生活，更要为学生整个的职业生涯和人生发展规划提供帮助，以为学生适应终生学习型社会打下基础；大学生需求的多样化，要求学生工作必须要提供更为丰富的教育和服务项目；大学生心理健康问题、就业问题、贫困问题，都给高校学生管理增加了许多新内容。

最后，在管理制度上。随着国家法制的进一步完备，人们法治意识的逐步增强，高等学校也必须依法治校，建章立制，规范管理。目前，高校在学生管理当中还有不少与国家法律法规相违背或者不一致的内部条款，有的甚至还存在一些侵犯学生基本权利的规章制度，都必须要清理。同时，管理程序的合法性问题也是当前高校学生管理面临的重要问题。

面对这些挑战，高校学生管理唯有彻底改变目前的管理模式，从观念、体制、方式、制度等各方面来一次大变革，才有可能顺应社会、学生以及高等教育发展的需要。

学生好比学校的血液，没有学生，学校也将不复存在。培养人才是大学最基本的功能，然后才是学术研究和社会服务。因此，涉及学生学术性活动以外事务的学生管理，其工作的好坏直接影响着大学的培养目标，也制约着大学其他工作的开展。概括起来，高校学生管理的地位和作用体现在五个方面：一是坚持社会主义办学方向的根本保证；二是贯彻党的路线、方针、政策的重要途径；三是学校深化改革、加快发展的精神动力；四是全面提高人才素质的基本要求；五是高校完成各项基本任务的重要基础。

当前学生管理面临着重大的挑战，但同时也面临着巨大的机遇，如党中央和国务院的高度重视，多年来形成的良好的学生管理外部环境等，都是学生管理面临的有利条件。因此，从这个角度讲，研究学生管理也有很大的现实意义。

二、高校学生管理创新的策略

高校学生管理的创新需要做好一系列的工作，最重要的一点是要把握好工作中心，即紧紧围绕充分引导、帮助、服务于大学生个体自我教育、自我管理，发掘潜能，把大学生培养成既符合自身发展需要又是社会需求的创新人才而开展工作。要做到学校和学生的目标明确、一致，在具体的转换过程中，应注意以下几个方面。

（一）更新观念，以学生为本

树立正确的教育管理思想，首先要在指导思想上有新的提升。我们应该把"促进人的全面发展"作为向学生工作新管理模式转换的重要指导思想。当然我们要继承传统管理模式的精华，但尤其要创新，变原来的单一行政强制性管理为服务引导式管理；变原来的只告诉学生不准做什么为引导、帮助学生少走弯路，早日成才。要从以管理者为中心转为从学生实际出发，为促进学生自我发展服务。要从单纯由管理者安排、约束、强制学生的活动中解脱出来，多给他们自己选择活动、自己提高自己、自己表现自己的时空。对学生的评价要从"横比为主"转为"纵比为主"，即学生自己和自己本身比，使横比和纵比结合起来，横比找差距，纵比看进步。对院系学工组辅导员老师和班主任来说，实现这个转变尤其重要。因为他们是学生和学校的连接点，对上反映学生情况，对下代表学校，直接影响整个学生工作的效果和成败。

（二）整体动员，全面整合

学校领导要重视，召开职工大会，讲清转换学生管理模式是促进人的全面发展、不断提升人的创新素质的需要。建立学校、院系领导人的领导体系，建立导师和教师的指导体系，建立辅导员和班主任的引导体系，建立学生群体与个体的自我管理体系。进行整体部署，提出具体要求，在工作群体中培养紧紧围绕充分引导、帮助、服务于大学生个体自我教育、自我管理的氛围，发掘潜能，把大学生培养成既符合自身发展需要又能适应社会需求的创新人才而开展工作。班主任要转变工作职能，由班级工作的直接组织者和执行者转变为班级工作的设计者和指导者，班委会、团支部成为班级工作的组织者、执行者、评估者和教育者。要放手让学生参与学校的管理和监督，尤其是学生宿舍和后勤管理。如：成立学生宿舍管理委员会，让学生参与学生社区的有关管理工作；成立学生生活协调委员会，定期对学生食堂、学生生活服务中心进行检查，了解饭菜的价格和质量，搜集学生的意见，及时向有关部门反馈情况等。这些举措，既锻炼了学生的自我教育、自我管理能力，又提高了职能部门的管理质量，同时又更好地保护了学生的利益。

（三）职能部门巧安排。

学工处（部）、团委要积极争取学校领导的大力支持，组建"服务于大学生自我教育、自我管理，辅助大学生成才"工作组，学工处（部）处（部）长牵头，人事处协助，负责选拔优秀学工人员，研究培养大学生自我教育、自我管理的工作方案，并对所有学工人员进行培训；要重点抓好各院系学生政治辅导员的遴选、培养和管理工作，提高学生工作人员的整体素质；要安排好提高大学生自我教育、自我管理的各项活动，如文体、社会实践、科研、社会热点问题讨论、自我设计评比等；要创办大学生自我教育、自我管理刊物，为全校师生定期提供跟踪社会科技、文化、经济、政策及行业发展变化，旨在帮助学生成才的各种资讯。

（四）教育内容要充实和富有新意

群体与个体自我管理模式的建立须通过教育与实践形成，其教育内容是多方面的，包括政治、经济、体育、法律、道德等各个方面。这里只从管理的角度提出四个方面教育内容。其一，成才教育。主要是进行社会人才素质目标教育。要根据各院系的专业设置、相关专业与社会行业对人才的要求和学生自己的兴趣，由职业教师提供帮助和支持，培养学生为自己的学习目标初步定位。有目标的学习才是最有效的学习，真正发挥学生的主观能动性，进行高效率的自我教育和自我管理。其二，高等学校教育与管理特点的教育。要告诉学生高校教育与管理的优缺点及与人才培养的关系。例如，大学课堂教育的特点。尤其要指出，课堂教学中教师主要是对该课程学习提供指导，学生必须在课外进一步自学。虽然有的课程考试基本是围绕课堂笔记，但考试得高分不等于优秀，不等于是人才。我们不能只为有一张文凭而满足。要成为人才必须课外勤学习、勤钻研。学生如果只是依靠学校的管理和教育，而不发挥主观能动性，积极进行自我教育和自我管理，是很难成才的。只有充分发掘和利用学校、社会和个人的各种资源，才能真正把自己培养成社会的有用之才。其三，告诉学生各种可利用的资源和怎样求助。学校院系机构（如办公室、图书馆）及职能、大学课程设置及特点、学校刊物、各种活动的组织及能力培养、大学的学习特点等，促使学生充分发挥主观能动性，积极进行自我教育、自我管理。其四，学业规划。根据社会人才素质要求来指导大学生制定个人高素质、高目标成才规划。其中总规划应包括知识、能力、品质、健康四个方面。年度规划要根据每学年的课程设置，制定具体的目标规划，尤其要实施大一规划。

（五）教育形式也要创新

搞好新生入学教育和军训工作，开展节假日的文体活动，进行演讲比赛，听形势报告和科研讲座等都是我们一直在坚持的好形式[①]。

第二节 现代大学课程管理的创新

一、我国高校课程管理的改革与构建

我国高等教育正在从精英教育向大众教育转变，国际化的影响更加强大。为了使高校课程更好地为培养人才服务，满足社会各方面的要求，对于高校课程管理，政府提出了政府的政策，各利益团体也提出了各自的要求，怎样构建一个良好的高校课程管理体制就成为急迫的问题。下面从中央政府、省和高校三个层面提出我们的改革思考。

（一）政府对高校课程管理体制的改革

我国自大学形成以来，实行的就是中央统一的课程管理体制，由政府对高校课程进行统一规定和管理，其间授日本体制、美国体制和苏联体制的影响，虽然机构、制度有一定的调整，但是课程管理的国家控制没有发生根本性的变化。而且，比较各国课程管理体制中我们也认识到，一种课程管理体制经过改造建立后，会成为本国组织管理文化的一部分，按本国社会和体制的逻辑向前发展。我国地区差异极大，高校课

---

①郝志超，胡省利. 简述现代大学学生管理和服务制度的审视与完善[J]. 才智，2019（06）.

程管理体制的改革需要强有力的政府作支撑，这些都要求我国需继续实行统一的课程管理体制。

然而，高校课程与教学、科研是紧密联系的，过于严密划一的控制会使它们受到损害，妨碍课程的发展与功能的发挥。另一方面，政府尤其是教育部不能包揽所有高校事务的管理，这需要庞大的机构、人员和经费，同时过多的规章制度也会造成太多的照章办事，限制管理者的创新能力，使庞大的组织难以对外界变化作出及时的反应，也难以防止错误的发生。这在企业管理中已有明证：20世纪六七十年代，出现了庞大的企业集团，到八九十年代就纷纷解体，因为庞大的企业内部组织难以做到全面满足顾客的需要。我们认为，我国课程管理体制在政府层面解决存在问题的原则、方法是清楚的，就是要分散决策和政策执行的权利，裁减控制机关。政府应主要起决策作用，裁减直接管理、控制高校课程的机构，而增设课程评估机关，这在教育部《关于加强高校本科教学工作提高教学质量的若干意见》（2001年4月）中已有体现。国家部门主要应做好以下事项。

1.国家立法

高校教育法律是国家控制学校课程的依据和必要手段，法律一经颁布就具有强制性和稳定性。强制性意味着法律由政府强制执行，使法律意识得到被管理对象的服从；稳定性指法律一经颁布就具有持久性，法律的稳定性可以制约政府的高校课程管理行为，使高校课程受政府的行政干扰较少。国家不仅要制定出健全的法律，而且要不断针对高校课程管理的新问题制定相应的法律。

2.高校课程管理制度的建立与变更

制度的建立指确定政府、高校及有关机构之间的权利、职责和隶属关系，形成有效运转的体制，更好地实现国家意图和高校的目标，从而更好地实现国家的整体利益。制度一经制定不可能一成不变，高校教育的发展必然要求重新分配各部门、各单位、各职务之间的权责，甚至取消一些部门、单位而新建一些机构，通过制度的变更以增加政府、高校的课程效能。政府在高校课程管理制度的建立与变更过程中应发挥主导作用，即政府在将高校课程管理权重新分配，扩大高校自主权，增强政府的宏观调控功能，形成相应的机构设置，确立相应的规范中承担起主要的调节任务。

3.提供经费

提供经费是国家控制高校课程最常用的手段。高等教育事业日益扩大，高等教育经费也迅速膨胀，世界各国出现不同程度的高等教育财政危机，给高校带来了比较大的冲击。为使高校功能正常发挥，政府应该继续承担起提供经费的主要责任，不断增加拨款，同时鼓励资金来源的多样化。政府除提供大量无条件的日常经费，还可以通过提供一些有特别规定的经费来影响高校课程，如为国家急需学科设立基金、提供特定科研经费、设立重点教学改革项目、重点教材建设项目等。

4.信息、咨询、评估等服务

国家教育部门可以协助支持或从事研究和开发工作，收集统计资料，将其发现或成果提供给社会大众、教育政策制定者、实际课程工作者和高校，使高校课程管理工作做得更好。政府有人员的优势，可以在具体领域作出引导，主要是办学方向的确定和办学水平的评估。由国家组织有关社会组织对高校课程进行评估，健全评估体系，或者对高校课程管理提出要求、建议和展望，发挥其支持、认同的作用，这些组织都可以逐步转化成民间性专业协调机构[①]。

（二）省、自治区、直辖市对高校课程管理的改革

我国高等教育体制改革的明确趋势是实行中央与省两级管理，中央主要负责大政方针、宏观规划和监督检查；对地方所属高校的具体政

---

①方梦驰，刘贝贝.大数据背景下的大学教学管理创新[J].产业与科技论坛，2021，20（24）.

策、制度、计划的制定和实施以及对学校的领导和管理，责任和权利均交给地方，进一步加强省、自治区、直辖市对设在本地的国务院各部门所属高校的协调作用。然而，实际中省级政府对高校课程等业务的管理处于尴尬境地，省级政府对高校课程几乎不产生影响，更谈不上发挥省级课程管理作用，也没有专门人员负责课程等业务管理。

省级高校课程管理是实现中央简政放权，院校地方化和大众化的方式，是高等教育课程管理的重要力量。因此，要完善高校课程的省级管理体制应该做到以下几点。

第一，建立健全省级课程管理法规。省级高校课程管理权限必须有法律依据才能得到保障，同时，通过法律规定也明确了省级课程管理的权限。

第二，省要改变过去的以单一的行政手段干预高校课程的方式，综合运用统筹规划、政策引导、拨款控制、信息服务、执法监督、检查评估等多种手段，实现课程宏观管理的目标。

第三，完善省级课程管理决策系统。一是成立由政府人员、学校管理人员和有关专家组成的高校课程管理的协调机构，对省管高校课程管理政策等问题进行审议。二是成立以专家为主的教学质量评估组织，对高校课程实施质量监督。三是省教育厅高教处应在处理高校课程、教学等业务方面安排人员，由他们结合前两个组织及省政府的领导，承担起课程管理的业务职责，结束有名无实的放任状态。当然，他们对课程的管理也是以宏观为主。

（三）学校内部的课程管理改革

高校课程管理就内部机构设置而言，校、教务处、院系三级机构比较合理，这三级机构主要是行政管理机构，作为完善的校内课程管理体制还应该设立负责审议、咨询或决策的专业性机构和团体，后者在我国高校内部的课程管理体制中是相对缺乏的，需要建设的是校内课程管理的监督、审议机构。目前的高校学术委员会对专业的设置具有审核的权利，但难以承担起对课程的监督职责，应该在校学术委员会之下设立各专业的教学委员会，结合院系的学术委员会和教研室，吸收更多的专业教师对课程的开发、实施系列过程进行评议、调节和建议。

高校课程管理机构虽比较完善，但由于一直以服从中央的安排为主，高校课程管理的主动性不大；高校内部长期按统一步调行事，教师的主动性也没有得到发挥。《高等教育法》第三十三、三十四条明确规定："高校依法自主设置和调整学科专业。""根据教学需要，自主制定教学计划，选编教材，组织实施教学活动。"因此，高校必须对课程实施主动管理，否则失去国家依靠，自身又无力管理调节课程，高校课程会陷入混乱，从而使高校办学水平降低，以至于无法维持。作为领导层的校级机构和教务处的主要任务是做好课程的决策和对院系级课程方案实施的审批、监督、规划工作，应将具体的课程内容、专业课目设置、学时安排等课程事项交给院系、教师处理。既然院系是校内专业思想和专业知识的汇集之处，那么就应该允许其拥有更多的决策权。就某种程度来讲，这一逻辑也表明院系中的专业教师和专业管理人员由于具有专业知识并与周围环境和学生直接发生关系，因此应该拥有对具体课程事项的更大影响力，即教师在决定教什么、怎样教和教什么人方面具有更大的自主权。

高校课程管理体制应该调整课程决定的权利结构，赋予高校教师更多的课程自主权和责任。所有的课程计划或开发应给教师充分参与的机会，从课程的最初计划到最后课程产出的整个过程，教师是主要参与者，教师的观点、建议应得到妥善采纳和处理，并在课程中体现出来。行政人员要改变控制一切的心态，鼓励教师控制教学过程，即在高校课程的编制、实施和评估反馈的循环中，提升教师专业能力对课程的管理力度。

高校课程管理还有一个不可忽视的群体——学生，学生在课程等学术性事务中不占主导地位，但对课程的形式、时间安排和某些课目的设置有很大的影响，学生也是课程评价反馈的重要力量。因此，应给学生更大的专业和课程的选择权，实行比较完全的学分制，使课程形式更加灵活，以适应和满足不同学生的需求。另一方面，应通过教务处、院系积极吸取学生对课程的要求、评价等反馈意见，使课程得以更好地改进。

二、高校课程管理创新的措施

（一）综合定位课程目标

1.依据职业岗位需求定位

一般来说，课程体系总目标是从宏观层面确定专业人才培养的方向，同时也为专业核心课程目标的确定提供依据。例如，旅游高等教育作为培养专门旅游人才的重要途径，其课程建设中的总目标自然是培养具备胜任旅游专业工作岗位所需的职业能力的优秀复合型人才，同时兼顾不同的岗位对人才的职业能力需求各有不同的现实状况。针对本科旅游管理专业人才输出对应的主要是旅行社、旅游规划公司、文旅集团、旅游酒店等的核心岗位，旅游院校应针对旅游企业、旅游酒店、旅游科研院所以及其他旅游集团分别设置课程目标，并考虑不同的专业核心课程，根据不同的目标培养学生不同的核心岗位能力。只有保证旅游管理专业的课程目标与岗位需求相一致，才能针对行业的职业岗位需求精准地输出人才，增强学生的就业竞争力。

2.依据学生发展需求定位

由于课程建设的受众是学生，故在设置课程目标时在一定程度上应该考虑受教育者个人的发展需求。与此相矛盾的是课程目标多根据政府规范性文件或行业发展需求制定，更多强调统一性和协调性，却较少考虑学生个人发展需求。"〇〇后"大学生个性鲜明，学生的学习目标和学习需求各有不同。因此，课程目标的设置应该考虑到学生本身的个性化发展需求，为学生的多元化和全面化发展提供条件。具体来说，可以结合学生的职业规划、就业意向或发展方向将学生群体进行分类，并分别设置不同的课程目标；实施自主选课制度由学生根据自身特点和条件选择课程，进而增强个性化的课程目标的实现效果。

3.依据学科、学校和地域特色定位

虽然课程目标是学生经过一个阶段的系统学习后所要实现的具体目标，但学生对目前的课程目标并不十分满意。现有目标定位模糊、缺乏学科和地域特色，各个高校的课程目标整体上来看大同小异，导致学生培养和学校发展的同质化现象严重，人才培养和办学竞争力低下。因此，高等院校应该结合自身特点，充分发挥各自办学优势，以实现高校课程目标的特色化。一方面，不同院校可以结合自身办学特点和学科背景，将相关学科的优势资源引入到课程教学中，如北京第二外国语学院的语言类学科背景、东北财经大学的财经类学科背景等都可以应用于专业人才培养中；另一方面，不同地域的院校可以结合所在区域的文化特色和区位条件，制定特色化的课程目标，如沈阳师范大学地处沈阳，可充分利用沈阳故宫、张学良故居陈列馆等景区景点资源条件，完成学生的特色化课程目标设置，以提升学生的综合素质。

（二）精心凝练课程内容

大学生对课程内容的前沿度、难易度和实用性的认可程度相对较差。因此，从前沿度、难易度和实用性三个方面对课程内容进行优化，有利于高校专业课程内容设置更加合理化，进而切实满足学生的发展需求。

1.实现新旧知识融合

高校各类专业课程内容陈旧、缺乏创新一直是教育界面临的重要问题。虽然各个院校针对相关问题作出了改进，但知识更新速度远低于行业发展速度的问题仍旧存在。基于此，要想保证课程内容的前沿度，应该从以下三个方面着手：一是从教师的层面，应及时关注和收集相关专业的最新消息和前沿动态，并融入日常的课程教学内容之中，形成动态的课程内容更新机制；二是从学生的层面，要积极利用信息化时代的便捷学习工具，通过网络或其他途径及时掌握行业发展的最新状况，并将线上与线下学习内容有效融合和把握；三是从教材的层面，作为课程内容的要素之一，教材也应该及时更新，将书本教材与电子教材相结合，以满足学生的全面发展需要。

2.准确区分重点难点

课程内容的难易程度直接影响着学生的学习情绪和学习结果，然而，当前高校专业的课程内容设置却存在重难点模糊或表面化的现象。许多课程对重难点的划分根据教材、教师或学科整体要求，而未充分考虑学生的需求和行业发展的需要。因此，为了改善这一现状，应该根据高校专业课程的特点，准确区分各门课程的重点和难点。具体来说，一是教师要根据课程难易程度进行区分性教学，对重点难点内容进行详细讲解，对一般知识内容进行简要讲解，进而使学生明确课程学习的重点；二是教师在课程评价过程中针对不同难易程度的知识点采用不同的测评或评价方式，以保证学生能够较好地接受和掌握。

3.紧密联系行业实际

大学生对课程内容是否实用比较关注，而高校专业课程缺乏实用性也一直是各个院校面临的难题。因此，紧密联系行业实际，提升高校专业课程内容的实用性已经刻不容缓。一方面，可以加强理论课程的整合，提炼出专业的核心内容。有效的课程整合不仅能够使教学资源利用最大化，同时精选课程内容也能够使学生的学习达到最优化。另一方面，可以加强理论课程的实训内容，即通过情景模拟、布置任务或实物演示等方式让学生参与体验，将所学理论转化为实际所需技能，进而为未来就业奠定基础。

（三）调整优化课程设计

高校专业课程的开设顺序、各类课程的比例和各学期的课程数量设置仍存在问题。因此，有必要就课程比例、课程数量及课程开设顺序等方面存在的问题予以优化。

1.合理划分课程类别比例

目前大多数高校都以公共课与专业课、必修课与选修课、理论课与实践课为分类标准。其课程设置基本呈现"金字塔"式的结构特征，即公共课门数少课时量大，必修课和理论课较多，实践课较少，选修课门数较多但课时量和选课数受限制，这就造成了学生的学习存在"泛而不精"和"学而无用"的问题。因此，有必要进一步协调各类别课程的比例，以使课程设计更加均衡合理。首先，就公共课与专业课来说，应适当整合缩减公共课程的课时，以为专业基础课、核心课留有充足的时间；其次，就必修课与选修课来说，专业必修课是为学生的长远发展奠定理论基础，专业选修课则是为学生的个性化发展服务，因此，要适当加大选修课的比例和学生的可选课门数，以促进学生的身心全面化发展；最后，就理论课和实践课来说，要在现有课程的基础上增加实训课程的比例，创新课程实训的方式，同时调整专业实习的时间，按照课程特点设置不同岗位、不同形式的实习，以达到"随学即用"的效果。

2.精心规划学期课程数量

均衡的课程比例对课程设计具有重要作用，但目前大多数院校公共课和专业必修课所占课时较多，忽略了专业选修课和实训课程的比重。因此，未来各院校应该对课程数量安排进行调整，增加专业选修课和实训课程的开课比例，而不是将其作为公共课程和专业必修课程的辅助。公共课方面，可适当缩减政治与体育课程数量，增加计算机与英语课程；专业课方面，可压缩整合必修课程，"找核心，讲重点"，将有限的课程利用得更加充分，同时增加选修课门数和数量以及学生自主选择的权利；实训课方面，可结合该门课程的实际需求，在理论课结束后即时开展实训课程，以便加强学生的理解和运用能力。

3.科学设置课程开设顺序

合理的课程开设顺序是课程取得良好效果的保障，这就要求课程的开设顺序要以学生的心理发展规律为前提，遵循课程内容的逻辑顺序。一般遵循"由简到繁、由抽象到具体、由理论到实践"的规律，循序渐进地进行课程的设置与实施。具体来说，大一年级设置政治、英语、体育等公共课程和专业的基础课程，大二设置理论性较强的专业课程，大三则设置实践性较强的专业课程，同时大二、大三穿插相应的专业选修课程，或根据课程需要进行短期实习，大四则主要为实践性课程，包括毕业实习、论文撰写等。只有这样，才能使课程设计整体更具合理性和科学性，进而保证大学生人才培养的质量。

（四）完善创新课程实施

高校课程实施中的教学目标、教学设计和教学方法三个方面仍有待改进。因此，从这三个方面进行课程实施的优化，将有助于提升学生的学习效率，进而提升高校大学生人才的输出质量。

1.注重提升学生能力素质

课程实施过程中的师生地位问题始终是一个极具争议的问题。长期以来教师始终被认为是课程实施的主体，传统思想观念难以快速转变，这就导致了目前的课程实施仍旧以教师"灌输"为主，学生缺乏主观学习意识和思维创新能力。因此，为了使学生主动学习、全面发展，就要尽快转变观念，遵循"学生主体、教师主导、师生互动"的原则进行教学实施。首先，在教学观念上，坚持以学生为中心，在课程实施过程中多关注学生的心理和情绪变化，多考虑学生的参与程度，积极引导学生参与讨论、表达观点，以激发学生课堂学习的积极性；其次，在教学方法上，教师应根据课程内容和学生发展阶段的特点，采用适当的教学方法，尤其是对互动教学法、情境教学法等引导性较强的教学方法的应用，以引导学生主动思考、发现和解决问题。

2.创新线上线下教学模式

数字经济时代的到来打破了传统课程实施局限于课堂教学的现状，"MOOC+SPOC"为主的线上线下混合教学模式逐渐被越来越多的院校所接受，微课、翻转课堂等也成为当前教学技术改革的主要趋势。因此，旅游管理专业也应进行相应改革，采用线上线下混合式的教学模式，打造旅游管理专业的"金课"体系，以便快速、全面地提升学生培养的质量。具体来说，可以在教学中采用"MOOC视频讲授+教师课堂应用"相结合的方式，即线上平台完成知识体系构建，线下课堂进行针对性训练和补充。此外，通过MOOC的在线讨论、评价或作业布置等功能，教师可以在充分掌握学习者学习情况的基础上，有针对性地进行课程指导。这种"知识、思维、能力"共同培养的教学模式不仅能增强学生自主学习的能力，同时也能够提升教学效果。

3.强化第二课堂实践效果

"第二课堂"是基于第一课堂提出来的，对于高校专业课程来说，"第二课堂"的构建主要可以从联合培养、全域实习、社会实践等方面着手。就联合培养来说，一方面可以开展"校校合作"，加强与国内外相关高校的联系，举行人才交流和互相培养的活动和项目；另一方面可以加强"校企合作"，将原有的合作企业范围扩大到外企、国内外知名企业等，为学生提供对外实习平台以培养学生的国际视野、国际语言和业务能力。例如，旅游专业的全域实习，学校作为学生专业实践的组织者，横向上应该积极地与不同类型的旅游或酒店企业建立联系，扩展学生的实习平台；纵向上则施行"短期+轮岗"的实习模式使学生在限定的实习期内尽可能多地体验不同的岗位，实现人才培养与各类旅游业需求的完美对接。就社会实践来说，可组织同学尽可能多地参与各类社会实践活动、专业竞赛、创新竞赛等，通过竞争和比较认清自己与他人的差距，进而努力提升自身能力。

（五）科学实施课程评价

高校课程评价的依据、内容、时间和结果等的设置仍有需要改进和优化之处，因此，从上述四个方面提出优化建议，以期进一步提高学生对课程评价体系的认可度，提升人才培养的质量。

1.以行业现状为依托

目前，高校专业课程评价仍旧以成绩为主，对学生操作技能、职业能力等的考察为辅，甚至不作相应考察，这就导致学生形成了"唯分数"思想，而忽略了对其他能力的关注和锻炼。因此，为了更加全面地考察学生的综合素质，应以能力本位为评价标准综合考核学生的各方面能力，主要评价依据包括三个方面：一是学生对基础知识和基本技能的掌握和运用能力；二是学生的职业能力、文化素养、服务能力、应变能力、创新能力，以及团结协作能力等；三是学生的意志人格、情感与个性等非认知因素。只有确立科学合理的评价依据，构建多层次多维度的评价体系，才能对学生的学习和发展给出正确有效的评价，进而提出促进学生全面发展的建议。

2.以学生发展为宗旨

高校专业课程评价均采用书面考试的形式对学生进行总结性评价，但这种单一的评价方式已经难以满足学生全面发展的需求。因此，以能力形成的渐进性为依据采用过程性评价和总结性评价相结合的评价方式将更有助于激发学生的学习积极性和新鲜感。其中，总结性评价仍以理论考核的形式为主，如卷面考试、论文撰写等。而过程性评价则可以使考核形式更加多元化：一是日常作业提交网络化，如运用网络教学平台上传文本、音频、短视频等作为日常考核作业；二是考核形式创新化，如通过竞赛等专业技能竞赛考核学生的职业技能，或通过布置作业使学生完成情景模拟任务，考核学生的职业能力；三是考核过程实践化，如鼓励和指导学生参加科研竞赛、社会调研等实践活动。只有过程性评价与总结性评价齐头并进，同时关注学习的过程和结果，才能及时发现和解决问题，进而帮助其健康、全面地发展。

3.以科学公平为原则

课程评价对课程建设起着重要的效果监测作用，而评价时间则是保证监控有效性的重要因素。目前大多数院校都采用总结性评价，评价时间通常设置在学期的中期，进行中期考核，或设置在期末进行统一的考试。此种评价方式存在两个方面不足：一是评价不够及时，很难及时发现和解决学生在学习过程中遇到的临时性难题；二是总结性评价多采用纸质试卷形式，通过量化打分进行考核，很大程度上由任课教师一人决定成绩，存在一定的不公平现象。因此，课程评价应改用过程性评价与总结性评价兼用、质性评价与量化评价兼具的方式，构建科学化、高效化的评价体系，以保障课程评价的及时化和公平化，进而对学生的整个学习过程起到良好的监控和管理作用，以保证学生的效率与效果。

第三节　现代大学行政管理的创新

一、高校行政管理创新的内容

（一）高校行政管理与党建工作的融合

1.目标一致性

高校制度与高校党建工作在目标任务上具有一致性，两者都是围绕培养中国特色社会主义事业建设者和接班人这一根本任务来开展的。现代大学制度建设首先是通过完善内部治理结构和治理模式，将学校中的党委领导权、校长的行政权、师生的民主参与权、学术委员会的学术权等很好地加以利用和协调，充分发挥各项权利的作用，保证学校科学健康发展来为人才培养服务；其次，通过制定符合学校发展的章程，健全各种规章制度，构建完备的决策、执行、监督和保障体系，依法依章办事，形成完备的人才培养制度；最后，通过教学、科研、社会合作方面的专业性评价，形成新型育人环境，推进创新型人才的培养。高校党建工作是通过坚持育人为本、德育为先、能力为重、全面发展的人才培养原则，遵循学生成才成长规律，引导学生认清正确的思想政治理论方向，将个人梦想与伟大中国梦相结合，认清只有积极投身于中国特色社会主义的伟大实践，才能最大限度地实现个人的人生价值；通过健全学校党委、院系党委、党支部等各级党组织工作机制，加强和改进师生思想政治教育工作，努力探索高校党建新思路、新方式、新途径，以党建工作的科学化引领人才培养的现代化。

2.党建工作为行政管理提供坚实保障

高校党建工作为高校制度的建立健全提供了坚实的保障。第一，思想保障。高校党建工作始终坚持以思想政治工作为引领，与时俱进，不断更新发展理念，创新办学理念，在深入开展马克思列宁主义、毛泽东思想、中国特色社会主义理论体系教育的基础上，切实推进社会主义核心价值观教育、中国梦宣传教育、党的群众路线教育等工作，牢牢把握意识形态工作领导权，确保高校制度建设沿着正确的政治路线进行。第二，组织保障。坚持党的领导，是完善高校制度内部治理结构必须坚持的前提和方向。第三，人才保障。高校党组织始终坚持党管人才的原则，不断努力完善党的自身建设，强调人才理想信念的坚定、人才培养的全面发展、人才必备的创新能力、人才考评的根本标准是群众认可等，致力于培育先进的党务工作人才，以及能发挥先进模范作用的优秀师生党员，不断"健全党管人才领导体制和工作格局、完善党管人才工作运行机制、创新党管人才方式方法、加强党管人才工作保障措施"，为现代大学制度建设提供了人才支撑。

3.行政管理工作是党建工作的依托

中国特色高等院校制度不断趋于完善，高校党建工作必须更好地适应高校制度建设新趋势，秉承现代大学办学新理念，符合高校制度新要求，才能有所发展、有所创新。具体而言，所谓高校制度视域下的高校党建工作，就是指高校在坚持和完善党委领导下校长负责制的前提下，结合现代大学制度建设的特点与提出的新要求，探索体现时代性、把握规律性、富于创造性的党建工作新途径，在党建工作制度、工作方式、工作作风、工作队伍、师生党员发展等方面勇于创新，不断提高高校党建工作科学化水平。

高校党建工作也突显了三个比较明显的主体作用，确保高校工作中心的科学发展，即为实现教育的目标，引领教育发展的过程，保障教育的方向。第一，突出党建工作的引导作用，实现学校培养的目标。高等院校的首要目标就是培养兼具专业技能、创新精神、实践能力的复合型人才，为社会主义事业的发展提供源源不断的人才保障。不管是民办高校还是公办高校，都要有主体意识，为实现这一个战略目标而努力奋斗，为了更好地完成高等教育任务，实现高校教育的目标和责任，高校党建工作必须加强对教育教学工作的重视程度，根据制定的基本方针和战略，一切工作都要围绕着培养社会主义事业的合格建设者和可靠接班人的目标而开展，全面实现党建工作的引领作用和学校教育教学的目标。第二，突出高校的党建服务工作作用，推进其他部门的共同发展。高校的党建工作是具体的、主动的、有为的工作。其具体性体现在对高校党务部门的管理上，紧紧围绕学校的根本教育目标，制定促进产学研各方面综合发展的相关政策和制度，使其有具体指导作用；其主动性表现在通过设置的党务部门，引导、监督、协调高校的产学研工作，按照党建工作的要求和学校特色与实际情况，把握学校各部门朝着正确的方向发展；其有为性在于发挥民办高校中党员的模范带头作用，促进产学研项目的实施和各个环节的服务保障。这就是民办高校党建工作的监督性、服务性的功能。第三，突出高校党建工作的保障作用，坚定不移地把握好中国特色社会主义办学方向。高校党建工作要为学校发展的大方向、大机制和大目标提供政治和组织保障，而这种保障最关键的是对领导体制的保障。要规划合理的力道制度实施细则，并不断完善和健全，使高校党政工作更加程序化、规范化和职责化。这是对政治工作的保障，也是对办学指导思想的保证。

因此，高校行政管理工作要为高校的党建工作搭好平台，让党的发展深入校园。首先，高校要健全基层组织，提高工作效能度。党的基层组织的健全性是保证党在高校的政治核心作用和监督作用的关键。党的工作步伐要跟进，党员要时刻发挥先锋模范作用。其次，要把握基层重点，强化服务功能。在强大理论基础的指导下，在实际工作中注重灵活多变地处理实际问题。善于反思，不断总结经验。在对学生党员的整个发展和培养过程中，各种教育内容要环环相扣，做到具体并全面。

构建责任落实系统，加强党的组织建设。在新时期大学生党建工作中，要让大学生党员明确自己的责任，建立严格监督约束的机制。党中央对基层党组织的根本要求是：坚持党的先进性，加强对党员的监督，努力提高党的领导水平和执政能力，增强拒腐防变和抵御风险能力，始终做到立党为公、执政为民。大学生党员既是一名学生，又是一名党员。高校党组织可以从各方面对大学生党员进行监督和约束。

（二）高校学生保障制度的完善

高等院校中的学生、教师人数众多，来自五湖四海，各自的家庭背景、受教育情况各异，群体之间、个体之间的差异也很大。以前的行政管理工作过分强调制度化与规范化的重要性，导致行政管理工作经常出现教条、生搬硬套的情况。因此行政管理工作不能只停留在一般性的工作上，而是应该更加多样化、丰富化，针对个体的差异采取特殊的处理方式。正确处理好一般与特殊、集中教育与典型示范的关系。要正确认识个别与差异的存在，从差异中看到突破点和增长点，实现一般性中包含差异化，差异化中看到普遍性，促进行政管理工作的全面进步。

高校应始终把行政管理工作视为学院整体工作的重要组成部分，谋求行政管理工作与学院整体工作的共同发展、共同进步，并融合渗透到整个育人过程中。在实际工作中，把学生思想政治教育工作融入平时的课堂教学、社会实践活动、校园文化建设中去，使学生能够做到理论与实践相结合，亲身参与到行政管理工作中去，在实践中实现自身修养的提高。

加强学生行政管理工作是高校培养合格人才的关键一步。作为高校，要积极发展优秀学生，为其发展提供良好的平台和机会，使他们发展成为高校建设和思想政治工作的重要组成部分。

二、高校行政管理创新的路径

（一）用制度保驾护航

无规矩不成方圆。制度是高校行政管理体制发挥潜能的保证，没有正确的管理制度，高校教师就不能充分展现其才能，大学生也不能得到良好发展。而且一个良好的制度，能够鼓励人们进行科学和技术的创新；相反，一个不良的制度会阻碍人们创新的积极性。制度不仅可以总结经验、汇集智慧、指导工作，还在很大程度上避免了官僚主义，而官僚主义才是创新的大敌。所以，一个组织系统内部有着怎样的行为，制度有着特殊的重要性，要实现高校行政管理的优化必须要有健全的管理制度。

在行政管理中运用照章办事原则要注意以下几点：制定的规章制度必须具有代表性；执行规章制度的权限范围要明确；任何管理都需要有相应的制度作保证，同样，高校行政管理也需要有一套系统、科学、标准的管理制度，对教师的岗位职责、考核标准、激励措施作出明确的规定，保证教师完成教学任务，提高教学质量；对学生的日常行为规范管理、学习任务实现、社会道德价值实现也要有对应的具体衡量标准操作规范，实现学校的总体目标。同时高校教师作为高级知识分子，有极强的自主性和个性化，要做好人性化管理和规范化管理的结合，努力创造一个既宽松和谐又有制度机制的工作环境，使管理制度内化到每个教师心中，从而自觉规范自己的行为。

在高校行政管理中建立系统、科学的管理制度尤为重要，但这还是远远不够的，制度只是基础，将制度切实有效地贯彻执行才是关键。目前，我国各高校都有自己的管理制度，可以说是不缺制度、不缺战略，缺的是对制度和战略不折不扣的执行力。管理的重点之一就是对执行的管理、发力点在抓落实。

（二）服务型管理体现时代价值

高校的管理应该适应社会发展的总体要求，以人为本，讲求管理的科学性和实践性。单一的上传下达发布命令的管理模式无法在我国社会精神文明高度发展的当今社会环境中生存。倡导服务型高校管理更有益于高校精神发展。服务型高校行政管理模式是以高校校级领导层为核心的局域性公共管理组织、院系组织及高校学生组织，以有效促进局域公共利益最大化为宗旨，以一种积极主动的姿态，科学民主地运用公共管理权利，依制度制定与执行高校规章，管理高校公共事务，提供公共物品和公共服务，构建高校师生的和谐发展的局域社会治理模式。

这种高校的服务型行政管理模式区别于传统的高校行政管理模式，具有制度性、公共性、回应性和透明性，并以提供公共服务的效率和效能、追求公共目标、实现公共利益最大化作为自身产生、存在和发展的最终目标，能够对高校整体的师生群体的公共服务需求作出及时回应。同时，该模式还能顺应信息社会条件下的未来高校发展趋势，解决由传统行政管理模式难以为继、信息格局改变、社会力量崛起等外部行政环境变迁而引起的一系列管理难题，满足高校师生良性发展的需要。因此，在信息社会背景下构建与发展该模式具有重要意义。

（三）延展精细化管理

随着高等教育大众化的推进，自费上学、自主择业、办学多元化等改革的深入以及市场经济的不断深入和发展，高校之间的竞争越来越激烈，高校之间对师资、生源、资源的争夺已经不可避免，在这场争夺战中能否取得胜利取决于办学质量，而办学质量的提高离不开一支高素质、结构合理、相对稳定的师资队伍。为了吸引高层次师资队伍，以往的高校教师粗放式的管理显然不能适应新的挑战，这客观上要求高校教师管理必须转型，逐渐实现教师工作的精细化管理，改变目前教师管理中教师职责缺失、考核评价体系不科学、教师激励制度不合理的现状。为教师提供优良的工作环境。同时，精细化管理是强化教师服务工作的需要。服务工作是增强教师归属感的重要手段，改变过去只重"管"的管理方式，树立以人为本的高校教师管理理念，注重"服务"。学校应该主动收集、了解教师的需要，根据不同类型教师的不同需要，制定不同的考核、激励措施，积极为教师提供工作、生活、心理等方面的服务，努力为教师的工作和生活创造和谐的环境。

精细化的行政管理不仅体现在对高校教师的管理过程中，对高校学生的管理也是同理。新常态下，高校学生的特征更加复杂多样，学生的学习渠道也更加多元化，每个学生几乎都是一个新的类型个体。针对这些具有一定社会成年型特性的学生，还要看到他们在社会价值观、人生观建立时的不稳定性和踌躇性，这就要求高校在对这些学生进行管理时更加突出精细化，对不同意识形态的学生要进行不同的引导管理。这样才能有效地将这些学生的管理完善，避免失衡性教育管理诱发突发应激事件。

（四）运用信息化手段

高校教学工作的信息化建设正在全面展开，很多院校都建立了教务管理系统、校园信息化系统等各种信息系统。将信息技术和网络技术应用到高校日常的教学管理工作中已经成为高校教学工作的发展趋势。因此，将网络技术和信息技术与教学评价工作有机结合，改善传统教学质量评价，弥补传统评价中，效率低、时效性差、耗费大量人力物力的不足成为一种可能。建立信息化的教师管理评价机制，改善目前教学评价中存在的不足，提高教学评价的效率，实现教学评价的公开客观公正，提高学校教学质量评价工作的水平，促进学校教学管理工作水平的提高。

建立高校教师教学评价系统能够弥补我国高校教师教学质量评价指标体系的不足，具有一定的理论意义；同时，建立评价系统能够改变目前院校人工评价的不足，提高教学评价工作的效率，实现教学评价的公开、公平、公正，促进学校教学水平和质量的提高，改善学校教学质量管理水平，具有一定的现实意义。

参考文献

[1]陈慧娟，辛涛.我国基础教育质量监测与评价体系的演进与未来走向[J].华东师范大学学报（教育科学版），2021，39（04）.

[2]方梦驰，刘贝贝.大数据背景下的大学教学管理创新[J].产业与科技论坛，2021，20（24）.

[3]郝志超，胡省利.简述现代大学学生管理和服务制度的审视与完善[J].才智，2019（06）.

[4]何淑通.高校管理人员专业发展研究[D].南京：南京师范大学，2017.

[5]刘志东.新文科背景下投资学课程内容体系与课程建设探讨[J].中国大学教学，2021（05）.

[6]陆昉.推进课程共享与教学改革全面提升大学教学质量[J].中国大学教学，2014（01）.

[7]陆一，林珊，陈嘉.从评价到赋能：大学课程教学质量提升新方法[J].中国大学教学，2020（08）.

[8]马跃."双一流"建设背景下大学教师管理制度创新研究[J].现代教育管理，2019（06）.

[9]孙燕华.创新教学管理推动高校课程思政改革与探索[J].中国大学教学，2019（05）.

[10]王传金，何玉海.高校教育规划管理的内涵、特征与路径[J].教育理论与实践，2016，36（22）.

[11]魏云峰.基于支持向量机的高校人才评价系统的设计与实现[D].长春：吉林大学，2016.

[12]熊华军，魏星星.基于教学学术的大学教学质量监控体系构建[J].教育科学，2023，39（04）.

[13]徐梅.大学行政组织机构变革研究[D].武汉：华中科技大学，2015.

[14]朱玉成，周海涛."双一流"背景下高校创新人才培养困境分析：基于组织分析的新制度主义视角[J].研究生教育研究，2018（01）.